説明は速さで決まる

一瞬で理解される「伝え方」の技術

コピーライター
中村圭

きずな出版

はじめに

説明の悩みは「速さ」が解決する

言いたいことがあるのに、途中で言葉に詰まり、しどろもどろになってしまう。

「話がよくわからなかった。要するにどういうこと？」と言われてしまう。

「説明力がないせいでチャンスを逃した」と思ったことがある。

もし、あなたがこんな風に説明の悩みを抱えているなら、**「速い説明」を身につけることで、すべてが解決します。**

というのも、僕自身が、この速い説明の技術に救われた人間だからです。

僕は長い間ずっと、本当に説明が苦手でした。

小さいころから内気で、学生時代も人前での発表は苦手。社会人になり、打ち合わせで発言を求められても、説明が下手すぎて、自分でもなにを話しているのかわからなくなる。まさに説明の劣等生でした。

そんな僕ですが、いまでは**「端的に、わかりやすい話をする」**と周囲から説明を評価してもらえるようになっています。

なぜかというと、**テレビCMやポスターなど広告の文言をつくるコピーライターの技術を、説明のときにも使うようになった**からです。

なぜコピーライターの技術が「説明」で役立つのか

僕はコピーライターという仕事を、かれこれ12年以上やっています。

コピーライターは「短く、わかりやすく伝える。速い説明の専門家」です。

たった15秒のテレビCMや、街角で一瞬しか目に留めてもらえないポスターなどで、どうやって目にした人の注意を引き、最後まで読んでもらい、理解してもらえるだろうかと日々考えています。

意外かもしれませんが、説明が苦手な人ほど、説明が長くなり、時間がかかります。同じことを何度も話し、必要ない・関係ないことまで説明する。つまり、伝わるのが遅い説明になります。

昔の僕と同じく、自分でもなにを話しているのかわからなくなるなど、とにかく話がまとまりません。

そこで大切なのが**「説明はとにかく短くまとめる」**という意識です。

説明を短くするには、言葉を厳選したり、余計な情報を省く必要があります。

つまり、**短さを正しく追求すると、自動的にその説明はわかりやすくなっていくのです。**自分の説明がわかりやすくなると、自然と自信もついてきます。

では、どうやって説明を短くし、速くできるのか？

そこで役立つものこそ、コピーライターが普段から使っているテクニックです。

このテクニックを誰でも使えるカタチにして、説明に悩む人の力になりたい。

そんな思いから**僕が考案した、話をわかりやすく、そして短く伝える「速い説明」のノウハウをまとめたのが本書です。**

とはいえ、僕のやり方がほかの人にも効果があるか、疑問に思う人もいるでしょう。大丈夫です。その理由は、僕が大学で授業を受け持ったり、経営者向けのセミナーの講師を務めたりすることもあるからです。

自分がコピーライターとして身につけた技術を、ほかの立場、業種・業界の人々に教えることも経験しています。

そのような機会で、僕は、かつての僕と同じように「説明が苦手」な人に理解してもらい、実践してもらうにはどうすればいいか、試行錯誤を重ねました。

その甲斐《かい》もあってか、授業やセミナーでは、

「こんな簡単なことだったんですね」

「たとえがわかりやすいので、どんどん頭に入ってきます」

「すぐに使えるのがいいです」

といった感想をもらえるようになっています。こう言ってもらえると、昔の自分が

報われるようで、本当に嬉しくなります。

この本でお伝えするのは、このような試行錯誤を重ねたすえに、僕が本当に自信を持ってお勧めできる方法ばかり。いわば**「説明の近道」**です。

速い説明のできないビジネスパーソンは不利になる

短く、わかりやすく説明する「速い説明」の重要性は、近年さらに高まっています。くわしくは序章で説明しますが、テクノロジーの進歩によって世の中の情報量が格段に増え、そして、これからも増え続けると予測されているからです。

現代人の頭は情報でいっぱいです。長々とした説明を入れる隙間はありません。「この説明、長いな」と感じた瞬間に、その話をシャットアウトします。

また「働き方改革」で生産性向上の意識が高まり、社会的にも「スピード」が重視されています。短く、的確に説明できる人のほうが評価は上がります。

新時代のルールは、「説明は速く伝わるほどいい」なのです。

ただ、この時代に即した「説明」の本があるかというと疑問です。

たとえば、説明の本でよくある「ポイントは3つあります」という表現も、いまの時代では効果的とは言えません。この表現は、「3つもポイントがあるのか……長いな」と相手に感じさせてしまうからです。

このままでは、せっかく説明を上達させたい人が説明の本を手に取っても、遠回りになってしまう……。そう考えたのも、この本を書こうと思った理由の1つです。

本書を読み、実践することで、

・途中で言葉に詰まったり、焦ったりせず、最短・最少の言葉で物事を説明できる
・不安でしかたなかった説明の場面が、ワクワクするものになる
・説明ができないことで低かった評価が、あっという間に改善する

というように、あなたは変わっていくでしょう。

では、いよいよご案内します。最速で伝わる、説明の近道へ。

もくじ

序章
説明にスピードが求められる時代になった

第1章

ターゲット思考

いらない言葉を削り、適切な言葉を探す技術

第2章

最速説明マップ

説明の要素を把握し、最速ルートをつくる技術

第３章

透明ルート標識

話の道筋を一瞬で理解してもらう技術

第4章

脳内ナビ・ワード

相手を話に引き込んで、最後まで飽きさせない技術

第5章

無意識クラクション

ポイントをさりげなく強調して、印象に残す技術

終章 シチュエーション別で見る「説明のコツ」

序章

説明にスピードが求められる時代になった

まず序章では、情報量が格段に増えている時代に、人々の説明への意識がどう変わってきているかについて、解説していきます。

それは、どんな説明が評価されるのか。どんな説明が嫌われるのか。そのルールのようなものです。

未来に向けてますます情報量が増えていくのは確実ですから、このルールを知っているか知らないかは、これからの人生を大きく左右します。

多くの人々は情報量が増えたことで、説明のルールが変わってきていること自体に気づいていませんから、このルールを知るだけで、ほかの人にずいぶんと差をつけることができます。

それでは、まず、これからの時代に、評価される説明の仕方について解説していきましょう。

相手の時間を奪わない説明が一番評価される

一昔前までは、「長い説明」は「丁寧」と好意的に受け取られることもありました。

・打ち合わせでは、自分の持てる知識を出しきり、みんなが納得するまで説明する
・だれにも失礼のないように配慮されたメールを送る
・冷たく伝わらないように、話が長くなっても構わない

このような認識です。長い説明はいろいろな人に配慮している証で、長く説明できる人が評価される時代だったわけです。

でも、あっという間に時代は変わりました。いまや、**長時間の打ち合わせや会議は、生産性を下げることの代名詞になっています。**会議も説明と同様、短かければ短いほ

どいいという価値観が主流になりつつあるのです。

そのため、**打ち合わせで長々としゃべる人は嫌がられます。**長いメールは見るだけでも時間を取られるので、ついつい後回しにされます。

こうした価値観の変化は、なぜ起こったのか。その背景には、急速に個々人が受け渡しする情報量が増えていることがあります。

世界最大のネットワーク機器開発会社であるシスコシステムズが公表しているレポート（※）によると、全世界のIPトラフィック（データ量／月）は、2008年に約1万ペタバイト（1ペタバイト＝100万ギガバイト）だったのが、2013年には約5万ペタバイトになったといいます。また2022年には、約39万6000ペタバイトになると予測されています。

あなた自身も、**自分が1日に受け取る情報量が数年前よりもはるかに増えていると**実感しているのではないでしょうか。

SNSを見ているだけで1日をつぶしてしまうことだってできますし、スマホゲームで朝から晩まで大忙しの人もいます。

（※）出典：「Cisco Visual Networking Index: Forecast and Methodology, 2008-2013」
「Cisco Visual Networking Index: Forecast and Methodology, 2013-2018」
「Cisco Visual Networking Index: Forecast and Methodology, 2013-2018
Cisco Visual Networking Index（VNI）」

映像コンテンツは一生かかっても見られない数の作品を、月々たったの数百円で楽しむことができます。もちろんビジネスでも、仕事熱心な人ほど新聞の電子版をはじめ、ニュースのキュレーションアプリでの情報収集を怠《おこた》りません。

また、最近はメールだけではなく、ＳＮＳやチャットアプリなどを使って仕事の連絡をやり取りするところも増えています。

電話ですら嫌がられる現代

個々人が受け取る情報量が増加し、情報の処理に充てざるを得ない時間が増えると、多くの人にある意識が生まれます。

それが**「時間を無駄に奪われたくない」**という感覚です。

これは若い人に顕著です。若い人は電話を嫌う人が少なくありません。電話が自分の時間も相手の時間も半強制的に奪うからです。

メールだったら、受け取っても自分の好きなタイミングで返信できますが、電話はそうはいきません。

もっと言えば、**そもそもメールというものも嫌われています。**

メールは相手の名前を書いたり、「お世話になっております」などの決まり文句を入れたりする必要があるからです。LINEのメッセージですら、1つのメッセージが何行にもわたって続いていると嫌われます。

時間を奪われたくないのは、若者だけではありません。会社の偉い人にもこのパターンは増えてきています。ただし、若い人とはちょっと理由が違います。

経営層など偉い人々は交友関係が広く、送られてくるメールやメッセージの量が膨大です。また、礼儀として相手のところに足を運んだり、食事の席に参加したりすることも多いため、いろいろと時間がとられがちなのです。

会社の上層部は、昔から大切にしていた慣習もないがしろにできず、どんどん自分の時間がなくなっています。

仕事の事務的な連絡は、効率的に済ませたいという欲求が高まっているのです。

とくに、働き方改革が浸透してからは「労働時間を短くせよ」が上層部にとって無視できないミッションになっています。

働く時間は短くし、しかし成果は大きくするという「生産性向上」を求められ、現代のトップ層、マネージャー層は時間感覚にシビアになってきています。

この短い説明が大事な時代にインストールしてもらいたいのが、**「相手の時間を大切にする」**という感覚です。

・いきなり長文のメッセージを送ったら重いだろう
・上司に30分時間をもらったけど、短く報告できれば相手に時間の余裕を与えられるんじゃないか
・そもそも最短で伝えるにはどうしたらいいんだろう？

こんな感覚を持てている人かそうでない人かは、送られてくるメールやメッセージを見れば一目瞭然です。

いまの時代、異性にも上司にもモテるのは、この感覚を持っている人です。

相手の時間を思いやると、
説明の時間は短くなる。

現代人の脳は聞いたことのない話が大好き

あなたの周りには、こんな人はいないでしょうか？

・どこかのサイト記事で見たような内容を自分の発言かのようにしゃべる
・よく使われるキーワードを使って説明してくる
・昔から繰り返し言われてきたような話を自慢げに話す

これだけ情報があふれているということは、いい話やよく使われるキーワードは、あっという間にシェアされて、大勢の人が知っているということです。

昔なら、「知らなかった。ありがとう」と感謝されたかもしれませんが、いまは聞いたことがある情報だと「ああ、その話ね、知ってるよ」とスルーされたり、早とちりされてしまう可能性が高いです。

人間の脳は「知っている」と判断すると、脳が必要でない情報と判断するようにできているそうです。

情報量が毎年、爆発的に増えているいまの時代、ますます、どこかで聞いたことのあるような話やキーワードは、説明の場で不利になっていくでしょう。

本当にその言葉でいいのか、もう一度考えよう

コピーライターは「同じ言葉がいままでに使われていないか?」ということに、とても敏感です。

なぜなら、何十億円というお金が投じられることもあるキャンペーンを引っ張るキャッチコピーが、「あ、これ見たことある」と思われてしまっては、取り返しがつかないからです。

とはいえ、「そもそも、伝えたいこと(訴求点)がほかの企業・商品と同じ」とい

うことは、広告の世界ではよくあることです。

なので、**どう言い換えたら新しく見えるのかを考えるのも、コピーライターの仕事です。**

有名な話ですが、新人コピーライターは1回の打ち合わせで「コピーを100案持ってこい」と言われるのが伝統です。

これは、言い換える力を鍛えるためでもあるのです。


では、使い古された言葉を、どんな風に言い換えればいいのでしょうか？

一例を出しましょう。

学生のインターンを「企業への短期留学」という新しいコンセプトでサポートする活動を行っている福本真士さんという方がいます。

福本さんは、学生に主体性を持つ大切さをこう説いています。

「短期間で伸びる人は**ゲスト感覚**を捨てるのが早い。誰かが構ってくれるのを待っていたり、教えてもらってないとか言ったり、挙げ句の果てに愚痴りだしたり。ゲスト感覚でいても時間もお金も心も消耗するだけ。すぐさま**ホスト感覚**に切り替えてなんでもいいからギブしてみろ。一気に変わる」

この説明は、使い古された言葉で言うと**「自分ごと化しなさい」**です。

ただ、「自分ごと化」は、多くの人に使われすぎました。

この言葉を使われた瞬間、学生は「またこの話か」とシャットアウトするでしょう。

「ゲスト感覚」「ホスト感覚」という仕事での新しい概念。また、シェアハウスやドミトリーでの旅行が一般化した若者にも響く「ゲスト」「ホスト」という単語を使っていることで、若者に響きやすい説明になっている好例です。

時代が変わっても変わらない、大切なことはあります。

でも、その説明の仕方やキーワードは、どんどん変えていくことが重要なのです。

文章に違和感を抱かせてはいけない

現代のコミュニケーションで、覚えておくべきことがもう1つあります。

それが**「脳に負担がかかりそうな情報を現代人は受け入れない」**ということです。

つねに情報で頭のなかが一杯ですから、本当に必要な情報以外は入れたくないのです。

最近SNS上のやり取りで増えていると感じるのが、「日本語で話してください」というキーワードです。

あなたも経験していることかもしれませんが、SNSの投稿やつぶやきなどをパッと見て、

「なんか日本語の使い方が変だな」

「スッと意味が入ってこない」

などと感じたことがあると思います。

そういう投稿はまず記憶されません。スムーズに読めない時点で**「まぁ読まなくてもいいか」**と一瞬で判断され、投稿を飛ばされてしまうからです。

人間は「この情報は頭に入れる価値があるか、ないか」を即座に判断しています。頭が情報でいっぱいいっぱいのなか、よく考えてまで有益かどうかわからない情報を読み解くパワーが、現代人にはもうないということです。

そのため、日本語の使い方が間違っていたり、一文がやたら長かったり、文字がギュウギュウに詰まっていたりして、見ただけで読みにくそうだと判断すると、読もうという気力が失われてしまうのです。

また、現代人は情報を「自分向けに」カスタマイズされたものを受け取ることが多くなっています。

ネットショッピングで買ったものや、検索したキーワードに基づいて、ウェブの広告は自動的にリコメンドされる。詳細にターゲティングされたメッセージが届く。

そんな状況に慣れていますから、**自分に関係ないと思った情報は、即座に遮断する**

クセができているのです。

「相手は聞いてくれる」という前提を捨てる

脳に余計な負担をかけない……つまり説明の違和感をなくす作業は、コピーライターがもっとも神経を尖《とが》らせるところです。

広告はずっと昔から「読み飛ばされてしまう可能性がある」という宿命を背負っているからです。

コピーライターがまず習うのは**「見てもらえる前提でキャッチコピーを書くな」**という考え方です。

新人のころは、どうしても自分のコピーが「読んでもらえる前提」で案を考えてしまいます。

けれど、広告を見ようと思って見る人は、ほとんどいません。だから、人はその広告の文章から違和感を抱いた瞬間に離れてしまいます。

きちんと広告を見てもらうために、魅力ある言葉でキャッチしたあと、最後まで違和感なく見てもらわなければいけないと習うわけです。

テレビＣＭのナレーションや新聞やポスターの文章も、「どうやったら読んでもらえるかまで意識しながら書いて届けろ」と習います。

だれもが自分にとって有益な情報か否かを一瞬で判断したがっているいまの時代、コピーライターだけでなく、一般の方もこの状況にさらされているように感じます。

つまり、**「相手に説明を聞いてもらえる前提で話さない。見てもらえる前提で書かない」**ことが大事です。

僕は12年以上コピーライターをやってきたからか、ＳＮＳ上の文章などでも、「スッと染み込むように話が入ってきます」「どうやったら同じように書けるのでしょうか」と聞かれることが多いです。

どうも、**勘のいい人は、違和感なく相手の意識に入っていく文章の重要性に気づいているみたいです。**

伝わる文章は、
相手の脳に
染み込むように入っていく。

説明のイヤイヤ期を早く卒業したほうがいい理由

打ち合わせが行われている。自分はあまりしゃべってない。そんな状況で、絶対振られたくない一言がありますよね。

「ところで、キミはどう思う？」

そう、この言葉です。急にこう話を振られると、心臓はドキドキ、冷や汗が吹き出します。あたふたした結果、口から出てくるのは見当外れな言葉ばかり。周りの空気がサーッと冷めていくのが自分でもわかります。あぁ、もう嫌だ。

こんな経験ありませんか？　僕はたくさんあります。

僕はもともと、ものすごく口ベタです。

小学校や中学校では、先生に当てられるのが嫌で手を上げられず、人前に立つと頭が真っ白になる。おかげで、僕は長らく人前での説明が苦手でした。

会社員になってもそれは変わりませんでした。打ち合わせでは基本黙っている。急に当てられたら慌てふためき、自分でもなにを喋っているかわからなくなってしまう。打ち合わせが終わるたびに自己嫌悪に陥っていました。

もしかしたら、読者の方のなかには、以前の僕のように口ベタで、人前で説明するのがイヤで仕方がないという方がいるかもしれません。

でもこの時代、そうした**「説明のイヤイヤ期」は早めに卒業したほうが賢明です。**

ここまでの内容で、「長く話す人は嫌われる」という話をしてきました。では、その結果、求められるものはなんでしょうか？

それは、**「多様な意見」**です。

これまでの時代でしたら、おしゃべりな上司が延々としゃべってくれることも少なくありませんでした。

それはそれで面倒くさくて苦痛です。しかし、逆に考えれば、僕のような人間にとっては、自分の意見を一言もしゃべらなくても打ち合わせ終了なんてこともあったかもしれません。その意味では、口ベタな人間にとっては楽な時代だったのです。

しかし長い話が嫌われる以上、そんな独演会の時間は減っていきます。

さらに情報に新規性を求められやすくなることは、「多様な意見が求められる」ということです。

新人であろうが、一般社員であろうが、同じです。

自分の意見を求められるビジネスシーンはこれまで以上に増え、口ベタな人も説明しなければいけない機会が多くなるということです。

口ベタは速い説明に向いている

僕は自分が口ベタであることもあり、多くの口ベタな人を観察した結果、1つの結論を導き出しました。

それは、**口ベタな人は頭のなかで考えすぎて、スムーズに言葉に出せない人である**……というものです。

また、そのことを自覚しているせいで、人前での説明に苦手意識を持っているため、より言葉が出てこない悪循環に陥りがちです。

でも口ベタな人は、当たり前ですが、なにも考えていないわけではありません。

たとえば打ち合わせが終わったあと、落ち着いた場で改めて話をしてみると、「そんなすごいアイデアを持っていたんだ！　なんでさっきしゃべらなかったの⁉」となることも多いです。

速い説明が大事な時代には「考えていることを整理してズバッと短く説明できる人」が強いです。

ここで大事なのは、いくら説明のテクニックを学んでも、考えが浅ければ、あまり意味がないということです。

頭のなかで自分の考えを煮詰めることができる傾向にある口ベタな人は、じつはきちんと説明のテクニックを身につければ、この速い説明の時代に大きく飛躍できる可能性を秘めています。

速い説明のできる人が、稼げる人になる

速い説明のできるか否かで、収入が変わってくる時代がもう始まっています。

一番わかりやすいのはクラウドファンディングです。これは自分のやりたいこと、実現したいことを1枚のウェブページで世の中に説明し、ネットを通じて寄付や出資を募る資金集めの手法です。

クラウドファンディングを利用して新製品の開発費用を集めたり、映画や本の制作費を集めたりすることも珍しくなくなってきました。

最近は有名人ではない一般の方も、クラウドファンディングを利用して何百万円というお金を集めたりします。クラウドファンディングを何度も行い、総計数億円以上を集めているツワモノもいます。

また、決済機能の発達や電子マネーの普及により、ネット上で気軽にお金のやり取

りを行うことが一般化してきたので、お金を稼ぐ手段が多様化しています。

ごくごく普通の大学生でも、財布をなくして困っている状況をSNSに投稿したら、いろいろな人がカンパしてくれて、数万円集まったりするなんてことも起こってきました。

最近、僕の周りの感度の高いビジネスパーソンや社長は、ずっと放置していたツイッターを再開する人が多いです。

これは、**ネットで自分を説明する場を持つことが、実際のビジネスに反映される時代になった**という変化をいち早くかぎつけている人が増えていることの表れでしょう。

インターネットは1つの文章、1つの音声、1つの動画が世界規模で拡散し、信じられないくらい多くの人に伝わる可能性を秘めています。

ネット上でも長い説明は基本的に好かれません。短く、わかりやすく伝える「速い説明」が必要です。

説明が大事なのは、ネットだけの話ではありません。最近は職人さんも説明上手の方が多いです。

職人さんといえば、寡黙《かもく》で「余計な説明はしない。オレがつくったものを見て判断してくれ」という、硬派なイメージを持っている方も多いのではないでしょうか。


でもいまの時代、うまくいっている職人さんを見ると、みなさん説明が上手です。

僕は佐賀県の焼き物の職人さんのところに行く機会がよくあります。

僕も最初に訪ねるまでは、よくある寡黙な職人さん像をイメージしていました。

しかし、佐賀に通うなかで、そのイメージがあっという間に変わりました。

ある職人さんは若い人に焼き物をつくる体験をしてもらい、**焼き物の魅力をたっぷり説明しながらファン化する取り組みをしています。**

若い人たちはそうした体験をSNSなどで発信し、その魅力はどんどん広がります。

それは海外まで届き、いまでは佐賀の山奥の工房まで海外のお客さんが訪れます。

その職人さんは海外のお客さんが決済しやすいように、支払いには最新の支払い技術を取り入れています。職人さんは販売の最先端も走っているのです。

なによりも、訪れた人たちを相手に楽しそうに説明している職人さんを見ていると、いいものをつくる技術と同じくらい、うまく言葉にすることの力を実感します。

「自分はなにができるのか」「どうしてそれをやっているのか」などを短く、わかりやすく説明する技術が、だれにでも求められる時代だと感じます。

SNS上の発言で自分の信用度が決まる

そしてもう1つ、いまや、だれもが説明することから逃れられない時代だと思った社会的な変化があります。

それは、SNSと個人の信用度の関係性です。

遠くない将来、SNSやネット上の発言、行動、人脈によってその人を評価する社会が到来すると予測されています。

実際、中国の超大手企業アリババが提供しているスマホ決済アプリ「アリペイ」では、芝麻（ジーマ）信用という信用スコアリングシステムが採用されています。

その人の支払い履歴や人脈から信用度を分析し、決済上限額などが自動で変わるのです。

日本でも、ネットワークサービスを提供しているＬＩＮＥの「LINE Score」や、みずほ銀行とソフトバンクが設立した合弁子会社が運営している「J.Score」などのサービスが始まっています。

僕は、この変化の兆しを見て腹をくくりました。

信用の範囲がＳＮＳ内での発言にまで広がっているいまの時代には、自分のことを知らない人にも最速で説明できる力がなくてはいけない。

そう感じたのです。

速い説明の技術で、
大きく人生は変わる。

序章のまとめ

・情報過多の時代になり、短い説明の重要性が増している
・長い説明をする人はそれだけで嫌われ、低く評価される
・ありふれた言葉を使っても人の関心を引けなくなっている
・読みにくい文章はもうだれにも読まれない
・説明は「聞いてもらえない」という前提で話せ
・多様性が広がり、だれもが意見を求められる社会になっている
・口ベタな人のほうが考えを煮詰めるクセがあるので、速い説明ができる素養がある
・速い説明ができるかどうかで自分の収入すら変わる

第1章

ターゲット思考

いらない言葉を削り、適切な言葉を探す技術

前の章では、いかに速い説明をできる能力がいまの時代に大事かということ、そして、今後この能力はますます大事になるとお話ししました。

そこで次に、速い説明を身につける具体的な方法をお伝えします。

ここでちょっと考えてみてください。

もしも、「短く、わかりやすい『速い説明』がすべてにおいて優先される」という世界でずっと生きてきた人たちがいて、その人たちがどうやって生き残ってこられたかを知れるとしたら、知りたくないですか？

そうです。そういう世界で切磋琢磨してきたのが、コピーライターという人種です。コピーライターが持っている知識は、まさに、いまの時代にすべての人から必要とされる「速い説明のノウハウ」なのです。

コピーライターの技術はタイムマシンである

「タイムマシン経営」って、ご存じでしょうか？

アメリカでうまくいっているビジネスを日本でアレンジして使う経営手法のことです。すでにうまくいっている経営手法を真似するので、成功確率が高いとされます。

コピーライターの業界で当たり前に使われている技術を一般の人が取り入れるのは、この「タイムマシン経営」に近いものだと思います。

そういう意味で、コピーライターの技術とは、**「速い説明の時代のタイムマシン」**であると言えるのです。

では、なぜコピーライターは速い説明をする必要に迫られてきたのでしょうか。

コピーライターはＴＶＣＭ、新聞、雑誌、ポスター、ウェブ広告などの言葉を考えるのが主な仕事です。

ＴＶＣＭでキャッチコピーに与えられる時間は、だいたい３秒。新聞や雑誌、ポスターなどでも一瞬で相手の興味を惹くことが必要になります。

しかも広告は、メインコンテンツに比べれば優先順位の低い存在です。

ＴＶＣＭが流れるのは、番組の隙間時間です。「さぁトイレでも行こうか」「洗い物でもしようか」と視聴者の注目度が落ちているときに、ふと聞こえてきたナレーションで心をつかまなければなりません。

新聞だって、広告が読みたくて買われているわけではありません。記事を読みたい人に、バシッと目に止まるキャッチコピーで引きつけなければならないのです。

街のポスターも、買い物するために歩いていて、ふと通り過ぎる人に一瞬で興味を持ってもらわなければなりません。

また、**コピーライターの仕事は、ただ気づかせる、読ませることがゴールではありません。**せっかく読んでもらえても、まどろっこしかったり、見たことあると思われてしまった説明は無視されてしまいます。

広告は商品やサービスなどの認知度を上げ、買ってもらったり、使ってもらったりするために行うものです。ただ目を引くだけでは不十分で、最後まで読んでもらい、共感したり、興味を持ってもらわないといけないのです。

このコピーライターの置かれている環境、先ほど説明した速い説明が求められているいまの時代に状況が似ていませんか？

これこそ、コピーライターが行ってきた最速で伝わる説明のつくり方が、あなたに役に立つタイムマシン説明になる理由です。

この章では、コピーライターの習慣や考え方についてお話ししていきます。説明の最速ルートのつくり方に関係する部分なので「へぇ、こんな感じなのね」と理解するイメージで読んでください。

たとえるなら、**コピーライターが運転する車の助手席にあなたが座って、「速い説明をする人はこんな走り方をするんだ」と観察する感じです。**

まずは文章から短くするべき理由

コピーライターの習慣として、みなさんにまず身につけていただきたいのが、とにかく**「文章を短く書くことにこだわる」**ということです。

「速い説明をするために、なにが必要でしょうか?」

速い説明が大事であるとお話しすると、必ず聞かれる質問です。

僕は、**まず自分の説明のなかにどれほど無駄があるのかを把握すること**だとお答えしています。

そして、その無駄を知る方法の1つが、「書くこと」からとことん無駄を排除して短くする、ということなのです。

なぜなら、しゃべっていることを振り返るのは難しいからです。

その点、文章なら書いた時点で問題が目に見えてわかります。

じつは、多くの人は口でなにかを説明するとき、同じことを何度も、何度も繰り返してしまいます。

ただし、口頭の説明はレコーダーに録らなくては確認できません。また、録音して確認し、しゃべってチェックするのは非常に時間がかかります。

文章なら、見てチェックをするだけで、無駄があったらすぐに気づけます。そして、文章で短く説明するクセがついてくると、しゃべりの無駄も減っていきます。

考えてみれば、僕が知っている優秀なコピーライターの方々はみんな、話の要点をまとめるのが得意でした。

打ち合わせで議論が白熱し、しゃべっている人たち自身もなにを言っているのかよくわからなくなっている状況で、ビシッと「要するに◯◯ということですね？」と締められるのです。

それは、キャッチコピーを書くにあたって、短く、わかりやすく伝えるという習性が身についているからです。

「説明の宝箱」を見直そう

あなたは普段、自分の読んだ文章を見直すことはあるでしょうか。

コピーライターは、自分が書いた文章を何度も、何度も見返します。

それは、無駄を徹底的に省くためです。

広告は積極的に見てもらえるものではありません。この前提に立つと、文字は1文字でも短いほうが見てもらえる可能性があるわけです。

では、どうやって自分の文章を見直せばいいでしょうか？

一番いいのは、仕事のメールやメッセンジャーのやり取り、あるいはＳＮＳの投稿を見返すことです。

これは、あなたがこれまでどういう説明をしてきたのかが一目でわかる、説明例の宝庫です。

とくに学びが多いのは、数ヶ月くらい時間が経った、時間に追われて刹那《せつな》的に書いた文章です。

冷静に読み直してみると「こんな書き方してたんだ?」「この文章、別にいらなくない?」などと客観的に評価できるはずです。

また、ほかの人のメッセージの文面も読んでみてください。伝わりやすい人、伝わりにくい人の差がよくわかると思います。

この方法は、説明をわかりやすく、短くする一番の近道です。

わかりやすいメールを打てる人は、それだけで評価が上がります。

SNSでも文章の書き方で結果はかなり変わります。

同じ内容を書いていても、文章のわかりやすさで「いいね!」やシェアの数は大きく変わるものです。

では次から、私がやっている具体的な文章の見直しポイントを紹介します。

文章の見直し術①

音読で「流れ」の悪いところがわかる

文章の違和感に気づくのは、簡単なことではありません。何度も見返しても、別に悪いところがない気がします。

そこで有効なのが音読です。文章を口に出して読んでみる。そうすると悪い点にすぐ気づけます。

大体、**長くて読みにくい文章には、余計なところがたくさんあります。**

そういうところは、まるで川の流れが悪くて、ゴミが引っかかって漂っている箇所のように、口頭で読むと詰まります。つまり文章が淀《よど》んでいます。

読んでいて詰まる所は、どんどん修正したり削ったりする。

それくらいの感覚で修正すると、文章の説明はどんどん洗練されていきます。

文章の見直し術②

ルックス重視で読みやすさがアップ

僕がよく受ける質問にこんなものがあります。

「漢字・ひらがな・カタカナはどう使い分けていますか？」

よい質問だと思います。**漢字・ひらがな・カタカナの使い方のバランスで、驚くほど文章の読みやすさが変わるからです。**

そもそも「見てもらえない前提」で考えれば、パッと見で読みづらそうな文章は、まともに読んでもらえないと気づけます。メールなら「読むのはあとにしよう」とそっと閉じられ、SNSなら問答無用でスルーされます。

自分のメールが後回しにされると、頼んだ仕事が上がってくるのが遅くなります。

当然、生産性は落ちますし、その結果、あなたの仕事の評価も悪くなります。

SNSにおいては、読み飛ばされる文章にフォロワーはつきません。影響力はつかず、だれも見てない状況でつぶやき続けるだけの、さみしいものになります。

読みづらいだけで、とことん損をする時代です。


たとえばひらがながつづくとぶんしょうはよみづらい。

逆に漢字の入込み過ぎた文章は重い。


前の2つの文章だと読みづらいはずです。

漢字、ひらがな、カタカナを適切に配置することで、文章は読みやすくなります。「文章を書くこともデザイン」と捉えると、自然と文章のバランスは良くなっていきます。

文章が読みやすいと、メールはすぐに返信が来て、SNSには「いいね！」がたくさんつく。

仕事ができる人ほど見た目にこだわるといいますが、文章も似ています。

内容も大事ですが、**文章のルックスを磨くことは、自分の見た目を磨くのと同じくらい大切です。**

文章の見直し術③

書いてから削れば洗練される

見直すことを前提に書くことで、文章はうまくなります。

面倒に感じるかもしれませんが、「書く時間」と「修正する時間」を分けることで、トータルの作業時間は縮められます。このときに有効なのが**「文字数の制限」**です。

たとえば、１４０文字でつぶやけるツイッターは、文章の練習に最適です。文字数が制限されているがゆえに、無駄を省くことをとことん考えるからです。

大抵の文章は、同じことを何度も繰り返しています。このクセを直すのが、同じことを言っている箇所に気づき、「削る」作業です。

書きたいことを書けるだけ書き、無駄なものを削る。すると、必要最低限の要素で構成された文章ができあがるのです。

仕事のメッセージでも文字量を制限し、削ることを意識してみるのも有効です。

削れば削るほど、
文章は洗練されていく。

「ターゲット思考」で言葉を探す

説明で役立つコピーライターのノウハウの2つ目が、「ターゲット思考」です。

どれだけ短くわかりやすい言葉や文章でも**「自分には関係ない」と思われてしまった瞬間、それはシャットアウトされます。**一方、**「自分に関係ある情報だ」と思われれば、ちょっと読みづらい部分があっても、進んで読んでもらうことができます。**

説明は伝える相手がハッキリしていることが多いです。どれだけ相手のことを考えながら説明を組み立てられるかが、最速で説明を受け取ってもらう鍵になってきます。

その意味でも「ターゲット思考」は頭のなかに入れておいてほしい考え方です。

たとえば、僕は女性が使う商品のキャッチコピーを書くこともあります。初めて女性用の商品のコピーを書くとき、コピーライターの師匠に命じられたのが**「女性誌を大量に買ってくること」**でした。

女性用の商品について書くときに、自分の頭のなかだけで考えると、女性に響くキャッチコピーは書けない。女性にはどんな言葉が響くのか、女性誌を見ながらインプットしろということでした。店員さんにチラチラ見られながら、大量に女性誌を買い集めたのを覚えています。

こういうことをやっているのはコピーライターだけではありません。**プロはなにかを説明するとき、説明する相手（ターゲット）がイメージできるような言葉を選ぶ努力をしています。**

アパレルショップの販売員の方も同じです。

メインターゲットが自分より年上のブランドを扱う場合、お客さんの年齢層向けの雑誌を読み、響くワードを抜き出して接客するそうです。

たとえば

「お母さんらしさもキープしながらお洒落ができる服なんです」

「組み合わせ自在なところもいいんですよ」

など、雑誌に出てくるキーワードを参考に接客すると、やはり反応が違うそうです。

「相手と同じ言葉」を使うのが基本

説明はターゲットが広告よりハッキリしていますから、「ターゲット思考」をさらに深掘りすることができます。

たとえば、いまならネットで相手の名前を検索すれば、相手の情報が出てくることは多いです。

僕の知る、ある取締役の方は、会食の前には必ず相手の情報を検索してから現場に臨むそうです。事前情報を元に話題を展開すれば、盛り上がりやすいからです。

さらに簡単で、伝わる力がグンとアップするのが、**相手と同じ言葉を使う**ことです。

相手がその道のプロなら専門用語を使って話す。

具体的な数字が好きなら数字で話す。

こういうことも、相手がＳＮＳなどをやっていれば、その投稿内容などから、相手の好むワードを分析することができます。

メールやメッセージで使う言葉も、相手に合わせることが基本です。相手が使う言葉を使えば、悩まずに、早く返信できます。

細かい話ですが、相手が「よろしくお願いします」を使う人だったら、「よろしくお願いします」と打ち込みます。「よろしくお願い致します」を使う人だったら、「よろしくお願い致します」と返すのです。

心理学では、自分と同じ仕草をする人に親近感を覚えることをミラー効果と言います。これは、文章でも使えるテクニックです。

ちなみに、モテる友人（男）によれば、気になる相手とＬＩＮＥで話をするときも、相手と同じくらいの文字量を送ることが基本だそうです。

モテない男性のよくある失敗は、自分だけ長文を送ってしまうこと。その時点で「重い」と思われます。

相手と同じくらいのメッセージの量を、相手が使っている言葉で送る。

これが、恋愛のメッセージのやり取りがうまくいくポイントだと言います。

言葉は外に出さないと良し悪しを判断できない

じつは、最速で相手を理解まで導くコピーライターの本質は、僕はここだと思っています。

コピーライターは必ず、説明を一度、頭のなかからすべて出して、可視化する習慣を身につけています。

考えついたものを、片っ端からPC、スマホ、ノートなどにアウトプットしているし、それを習慣にしているということです。

しかし、コピーライターのイメージを、もっと格好良く捉えている人は意外と少なくありません。

思わず笑ってしまった知人のコピーライターのイメージなのですが、

「目を閉じて考え、カッと目を見開き鉛筆を取り出し、1行でスッとコピーを書く」

それで仕事完了なイメージだそうです。

そんな簡単に書ければ嬉しいです。

しかし、12年間仕事柄いろいろなコピーライターを見てきましたが、残念ながら、そんなコピーライターは見たことがありません。

コピーライターは、新人であろうが、ベテランであろうが、まずまとまった数の言葉の案を書き出していきます。

なぜなら、**言葉は一旦頭のなかから出してみないと、いいか悪いかが判断できないからです。**

頭のなかから思いつく案を全部出す。

それを見てよくないものを削る。

だから、結果的によいものだけが残ります。

コピーライターは、書くことが仕事です。たくさんの案件を同時に抱えています。

思いつきで1回限り、よいコピーを書けばいいのではありません。

安定していいコピーを出し続ける。

そのために頭からまず出す。

可視化して、客観視する。

そのなかからいいものを選ぶということを徹底しているのです。

……と説明をすると、こう指摘する人もいるかもしれません。

「それはキャッチコピーのつくり方の話で、説明の技術とは関係ないのでは？」

いえいえ、そんなことはありません。そんなときにはボディコピーのつくり方の説明をすれば納得していただけます。

ボディコピーとは、キャッチコピーのあとに続く長めの説明文です。ポスターや新聞広告を思い出してもらうとわかりやすいのですが、ドーンと大きい短い言葉に、長い文章が続いている場合があります。

このボディコピーのつくり方ですが、キャッチコピーをたくさん考えたあとに、選ばなかった言葉をつなぎ合わせてボディコピーにしていくコピーライターも多いです。

ボディコピーは、「1文読み進めたら、次の1文も読んでもらえるように書け」と新人コピーライターは習います。少しでも興味のない文があれば、人は広告を読み進めない……という考えです。

ダラダラ書くのではなく、**キャッチコピーのように相手を惹きつける鋭い言葉をどんどん使って長文も書く。**そうすると、見ている途中に飛ばされないボディコピーをつくれるということです。

これは、あなたがなにかを説明するときにも使える考え方です。

まずは頭のなかから説明するために必要な要素を全部書き出してみる。

そして冷静に「いる」「いらない」を判断し、いるものだけ使って文章をつくる。

こうすると短く、無駄のない、必要な情報だけが入った中身の濃い説明ができます。

コピーライターの技術は、
速い説明の時代に、
誰もが必要な技術だ。

第１章のまとめ

・速い説明の技術をずっと使ってきたのがコピーライターなので、その技術から学べることは多い
・説明を短くするには、まず自分の書いた文章を見直して短くするトレーニングをする
・文章は「音読」「漢字・カタカナ・ひらがなのバランス」「書ききってから削る」というポイントを重視する
・読み手に響く言葉選びを意識する
・読み手が普段使っている言葉を使うのが基本
・まずはすべての要素を書き出して可視化する

第2章

最速説明マップ

説明の要素を把握し、最速ルートをつくる技術

さて、この章では説明の近道をつくる方法について、お話をしていきたいと思います。

最速ルートで相手の理解にたどり着ける「最速説明マップ」という技術です。

これさえできれば、

- **速い説明の時代に、最大限に力を発揮できる人材になれる**
- **説明の道筋が見える状態で説明できるので説明が怖くなくなる**
- **人の説明の道筋も見えるので打ち合わせをリードできるようになる**

など、速い説明の時代に頼られる存在になります。

「説明が苦手」の正体、お教えします

ここではまず、説明が苦手な理由にメスを入れていきます。というのも、「説明が苦手」という意識を克服する方法が、速い説明をつくるコツでもあるからです。

僕が、説明が苦手だったというのはすでに述べました。

新人のころは会議でしゃべり始めると自分でも訳のわからない話をダラダラと続けてしまい、「もういいよ」と途中で話を強制終了させられていました。「あー、こいつダメだ」という目で見られる時間が、本当に嫌で嫌でたまりませんでした。

そんな僕から見て、説明が苦手な人には共通点があります。それは**「説明が苦手な人は、自分の説明の中身を把握できていない」**という点です。

このことを伝えると、多くの人は「そんなバカな」という反応をします。「落ち着けば説明できるけど、緊張して説明できないだけです」と言うのです。

そう考えるのもわかります。僕もずっと説明できないのは「緊張」のせいだと思っていました。でも、じつはそうではないのです。

一度メンタルの問題を脇に置いてよくよく考えてみると、**説明の苦手な人は、説明に必要な内容を把握できてないことが多いのです。**

たとえば、新人Aくんが、上司にあるプロジェクトの進捗状況を報告しなければいけないとします。上司の前に立ち、「例のプロジェクトの件ですが」と話し始めます。

しかし、思うように説明が出てきません。言葉に詰まり、脂汗はタラタラ、怪訝《けげん》そうな上司の顔。「あぁ、どうしよう」と内心で思っても、もう手遅れです。

「プロジェクトの報告」とひと言で言っても、

(1) そのプロジェクトに関する社内の状況
(2) そのプロジェクトに関して、いまほかの部署から頼まれてること
(3) その上司に把握しておいてほしいこと
(4) 社外に頼んでいることの進捗状況

（5）上司がいない打ち合わせで合意されたこと

などなど、たくさんの説明の要素から1つの説明は成り立っています。

けれど、Aくんは「プロジェクトの報告をする」という大きな説明はわかっていても、そのなかに無限にある説明の要素を把握できていないのです。（1）～（5）の説明をどの順番ですればいいのか、そもそも（1）～（5）のなかで、どれを説明してどれを省くべきなのかが整理できていないのです。

つまり、**たくさんある説明の要素から、どの説明をつないでいけば相手の理解までたどり着けるのかがわかっていません。**

道を移動しているところを想像してみてください。目的地がわかっていても、そこまでのルートがわかっていなかったら目的地にたどり着けませんよね？

Aくんの場合は道筋がわからないままで歩き始め、いま、どこの道を歩いているのかすらわからなくなり、立ち往生してしまっている。

つまり、説明が止まってしまうという状態に陥《おちい》っているのです。

話が長くなってしまう原因

話が長くなってしまう原因も、これと一緒です。

こういう人は、自分の説明する内容を把握できていません。次から次へと思いつきで説明をします。

そのため、結論までなかなかたどり着くことができません。

これは道にたとえると、説明の迷子になっている状態です。

話が長くて終わらないタイプは、目的地に向かってとりあえず歩き出します。でも目的地までの道のりが全然見えていないので、何度も同じ道を通ったり、通らなくていい道を通ったりして、なかなか目的地にまでたどり着かないのです。

話をまとめられない人は、一見、堂々としゃべれるので、まったく説明に苦手意識がないように、傍目からは見えます。でも、内心では困っている人も多いのです。

「まとめてくれて、ありがとう」

僕が打ち合わせなどで人の話を短くまとめると、そう感謝されることが最近とくに増えてきました。

最初は、こう感謝されることを意外に感じていました。

ずっと説明するのが苦手で、満足にしゃべることもできなかった期間が長かった僕は、しゃべりが達者な人に憧れている期間も長かったからです。しゃべれる人は万能で、長くも短くも話せるのだと思っていたのです。

ただ、速い説明が大事な時代になってきて、これは、どうも違うということがわかってきました。**「長くしゃべることはできるけど、短くまとめることができない」**という人も多いのです。

自分でも説明の中身を把握しておらず、どうやって話を終わらせていいかわからないので、延々と話を続けてしまいます。

結局のところ原因は、説明の途中でフリーズしてしまう人と一緒で、自分が説明するべき内容を把握できていないのです。

説明は分解すれば怖くない

では、説明の内容を自分で理解しておくには、どうすればいいのでしょうか？
これは**「分割する」**ことで解決します。
仕事のノウハウで「大きなタスクは小さく分解しなさい」というものがあります。
分解しないと、やることがわからなくて、やる気が出ないというものです。
たとえば、ある市場調査の資料をまとめるという仕事も、分解してみれば

1. データを探す
2. 報告する内容を考える
3. 綺麗に資料にまとめる

などと、小さな作業に分けることができます。そして、分解して、やることを把握できれば格段に仕事の効率がアップするというものです。

「分解する」というのは、言い換えれば「道を知る」ということです。

たとえば、東京から横浜に行く場合を考えてみましょう。

アプリで日本全体がわかる地図を表示しても、どうやって横浜に行けばいいのかはわかりません。でも、関東圏に拡大し、電車の路線や道路がわかれば、実際に進む道のりがわかり、横浜まで行くルートがわかります。

説明も同じです。説明する内容を漠然と、大きく捉えて考えているから、具体的になにを説明すればいいのか、よくわからなくなります。

こうなると、説明すること自体が怖くなります。恐る恐る説明し始めても、しゃべることがわからなくなり、道の途中で立ち往生してしまいます。

まず説明は「細かな説明の塊」だと認識し、説明する内容を分解する。

分解することで、話すべき要素……相手に理解してもらう道筋が見えます。

説明の道筋が見えれば、
説明は大きく前進する。

「箇条書き」だけすればいい

ようやくここまできましたが、説明の中身を分解して把握するために役立つのが、コピーライターの技術です。

僕が初めてこの法則に気づいたのも、「コピーライターとしてやっていることを説明の技術に使えばいいのでは？」と、ふと思ったことからでした。

それは、先ほど紹介した、**頭のなかのものを全部出して可視化する**という習慣です。

僕が日頃やっていることはシンプルです。

説明に必要な要素を箇条書きで書き出していく。ただそれだけです。

僕もどうすればうまく説明できるかよく悩んだ人間なので、いろいろな方法を試してきました。説明の本もたくさん読みました。

本で紹介されている複雑な説明方法は、読んでいるときはフンフンとうなずけます。

ただ、複雑なフレームを使っても、続きません。説明に必要な5つの型を頭文字で言われても、残念ながら忘れてしまいます。

考えてみれば、僕はキャッチコピーのアイデア出しもいろいろな方法を試しましたが、結局箇条書きにするというシンプルな方法に落ち着きました。

複雑な方法は習慣として定着しないのです。

そこで説明にも使うことにしたのが、シンプルな箇条書きです。

ノートでも、スマホでも、PCでもかまいません。むしろ、箇条書きをどこにするかは、こだわらないほうがいいと思います。書き方も、とくに決まりはありません。

というのも、説明が求められる場面はさまざまだからです。

パソコンを開ける状況のときもあれば、走り書きのメモで対応しなければいけないときもあるでしょう。型はなるだけシンプルなほうがいいわけです。

箇条書きは「説明の地図を描く作業」のようなものです。

説明の理解に至るまでにどんな要素が必要か、思いつくものを書き出してみる。すると、説明のルートが見えてきます。**いわば、「最速説明マップ」です。**

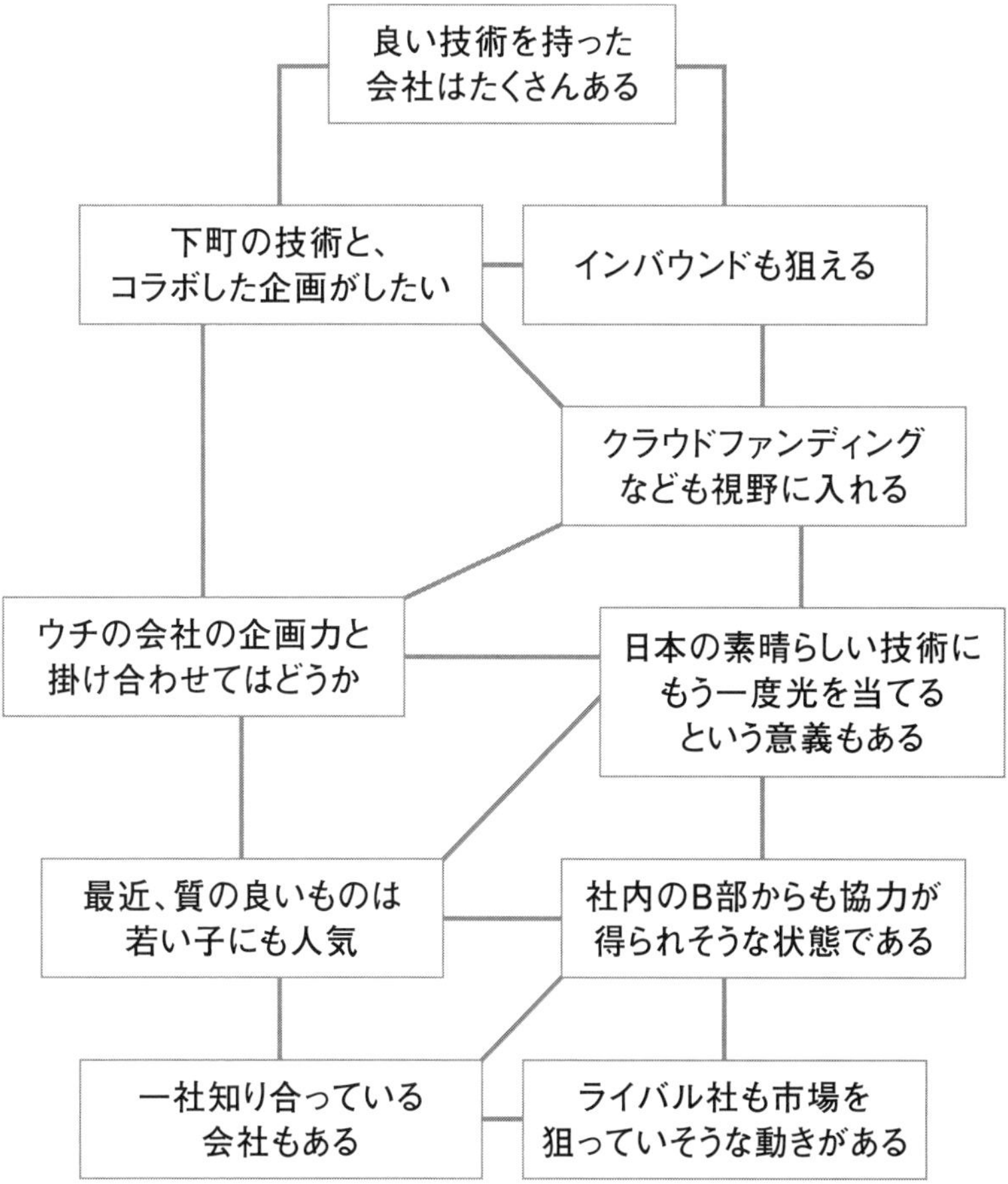

［要素をすべて書き出すことで
どんな説明ルートがあるか見えてくる］

選び方のコツは「ターゲット思考」

箇条書きで説明の要素を出すだけ出したら、次にするのが「**選ぶ**」ことです。箇条書きで書き出しただけでは、まだルートをすべて挙げただけにすぎません。

東京から横浜に行くときだって、電車を使うのか、自動車を使うのか、いろいろあります。電車を使うならどの路線を使い、どこで乗り換えるのか、行き方は何通りもあります。

一度説明に必要そうな要素を箇条書きで書き出し、すべて可視化することで説明の地図ができます。そこから、必要なものだけ選べば、相手に最速で理解される説明のルートができあがります。

では、書き出した要素のなかからどれを選べばいいのか。
その際の基準として役立つのが、前章で紹介した「ターゲット思考」です。

たとえば上司に新しいプロジェクトを提案するときを考えてみます。やる意義を優先する上司であれば「社会的意義」から説明したほうがいいでしょう。でも、数字を優先する上司であれば、「どれくらいの市場規模があるか」から説明するほうがいいはずです。

相手によって、説明に選ぶべき要素は違います。

この「出して」、「選ぶ」という手順を踏めば、説明は相手にとって最速ルートになります。

手を明かせばシンプルなことですが、上司の立場に立てば、部下の報告が短い上に的確というのは、とてもありがたいことです。

いまの時代、上に立てば立つほど、いくつも案件を同時進行で進めなければなりませんから、

「こいつの説明は、短いのにわかりやすい」

と思わせることができるのは、評価が上がる秘訣なのです。

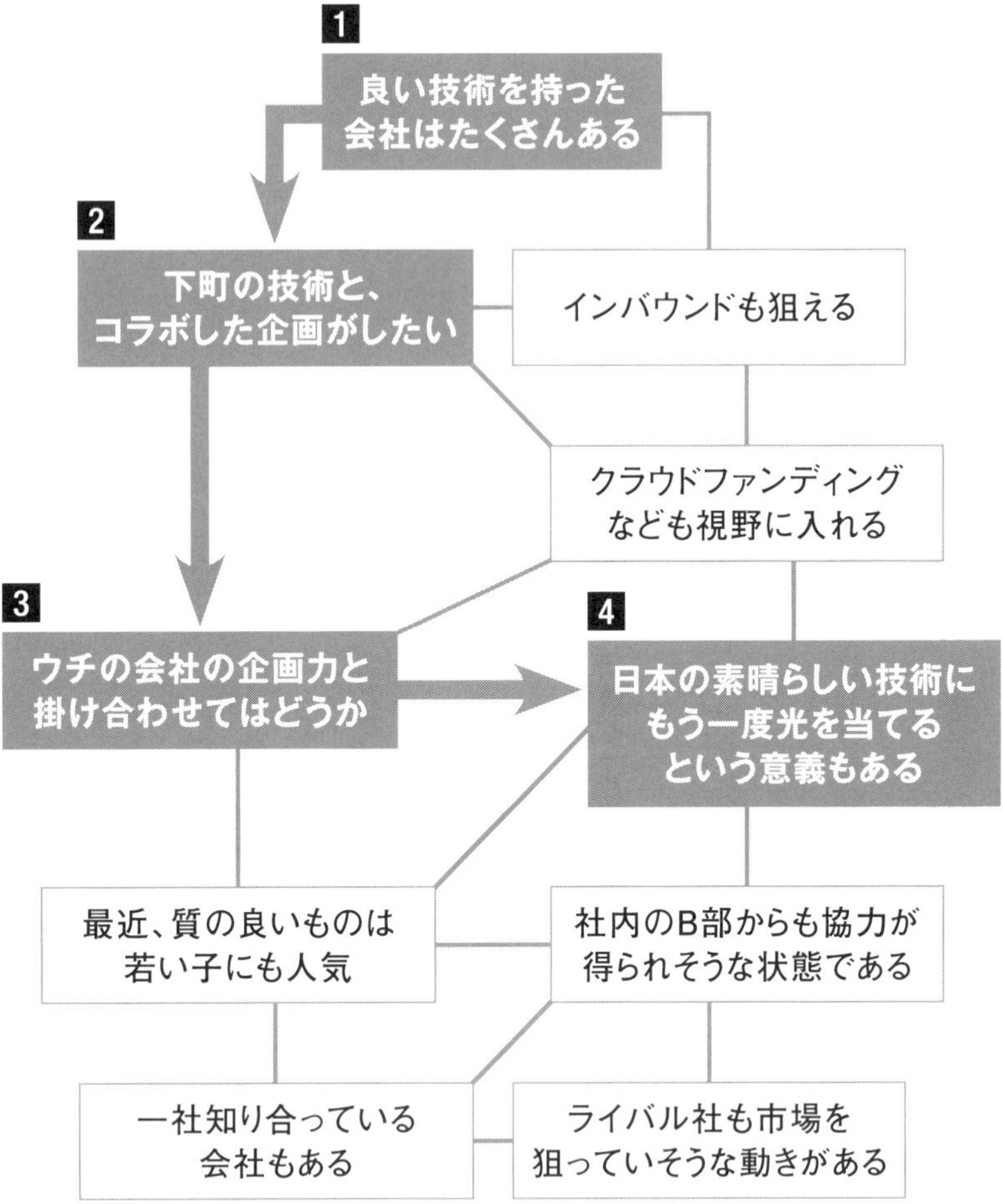

［ターゲット思考なら相手に合わせてどの要素をどの順番で説明するか一目瞭然］

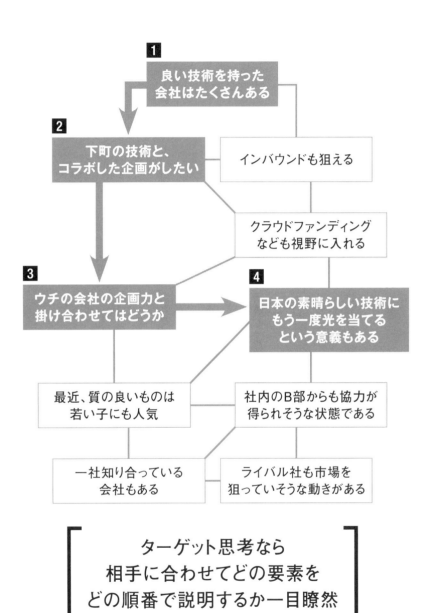

自己紹介は要素の組み合わせで決まる

もう少し具体的にするために、実際に箇条書きにする場面を考えてみましょう。
たとえば、**「5分後に自己紹介してください」**と言われたとします。
この場合、まず3分くらいで自己紹介の要素を書き出してみてください。
ここでは、新人のAくんを例にして、自己紹介を仮に書き出してみます。

・メーカーで働いている
・入社して3年目である
・営業のセクションにいる
・最近社内の新人賞を取った
・趣味はダーツ

・大学は理系だった
・出身は熊本
・好きな食べ物は馬刺し

などを自己紹介の要素にできると考え箇条書きにしたとしましょう。

これが会社の研修での自己紹介なら、出した要素から同じ会社の人をターゲットに設定して、必要そうな説明を残りの時間で選べばいいでしょう。

たとえば、

「入社3年目で営業をしております、Aと申します。昨年、社内の新人賞をいただきました。じつは大学は理系なので、ロジカルな能力には自信があります。よろしくお願いします」

このような内容になります。

趣味のダーツや馬刺しが好きなことは、会社での自己紹介においては重要性が高くありません。また、同じ会社で働いている人たちが相手ですから、当然ながら自分の勤務先を紹介する必要もありませんよね。

自己紹介で、不必要な要素をしゃべっていると相手に飽きられてしまいます。話の内容も散漫になります。

では、今度は合コンで自己紹介をするケースを考えてみましょう。

今度はこんな風に組み合わせてみました。

「Aです。メーカーで営業をしています。熊本県出身で、そのせいもあってか馬刺しが大好きです。パソコンが得意なので、何かパソコンの設定などでわからないことがあったらいつでも頼ってください」

このように、会社のときとは、まったく違った自己紹介ができます。

箇条書きで一度可視化された要素は、また別の場面で使えるということです。

ここまでの内容をまとめると、最速で説明する方法とは

1．話す内容をすべて「出す」

2．相手や状況に合わせて話す内容を「選ぶ」

3．選んだ言葉を「並べる」

という、この3ステップを踏むことであるといえます。

とくに重要なのは**「出す」**という部分です。

人間は脳の神経回路を使うと忘れにくくなります。

暗記なども実際に書きながらのほうが覚えやすいように、説明の要素も一度書き出すとまた使いやすくなります。

中身の詰まった１４０字はこうやって書く

この箇条書きで要素を書き出す方法は本当に便利なので、基本的に僕は、すべての説明を箇条書きで考えることにしています。

１４０文字のツイッターも、30分のプレゼンも、１万字を超える文章も全部やり方は一緒です。

たとえば、ツイッターがわずか１４０文字だとしても、その中身を１文20文字とすると、７つの内容で構成することができます。

よくツイッター上で、

「同じ１４０文字で同じことを書いているのに、まったく響き方が違うツイートがある。どうしてこんなにも違うんだろう」

という意見が見られます。

その疑問に対する答えはいたって簡単です。

１４０文字のなかに、内容が詰まっているか詰まってないかで決まるのです。

書くテーマを決めたら、その中身を、箇条書きのように投稿画面に書き出していきます。

そのなかから、重要でなさそうなものは捨てていきます。

残った要素をつなげ、文章を見直して削れば、中身の濃い１４０文字の完成です。

一見、面倒くさそうに思われるかもしれませんが、頭のなかでどんなことを書こうか悩みながら書くより、慣れればよっぽど早いです。

プレゼン資料の正しいつくり方

30分のプレゼンでも、僕は基本的にメモアプリに要素を箇条書きで出していきます。パワーポイントを開くのは、そのメモで構成が見えたあとです。

広告の仕事はプレゼンの機会がとても多いです。ですので、僕の周りには多くのプレゼンの達人がいるのですが、ほとんどの人はこの「要素を出す」から始めます。

みなさん口をそろえて言うのが、**「いきなりパワーポイントを開いて、プレゼン資料をつくろうとすると時間がかかる」**ということです。

パワポをいきなり開いたところで、説明ルートが可視化されていなければ、まず1枚目のスライドにどんな要素を入れればいいのか、自分でもわかりません。

その状態でつくり始めると、スライドを1枚つくるごとに、どんな要素を入れようか悩むことになる。だから時間がかかるのです。

プレゼン資料をつくるまえに、まずノートやメモ帳などに要素をすべて箇条書きで書き出す。その上で必要そうなものだけ残す。説明する順番も伝わりやすいように入れ替えてみたりする。

そうやって説明するルートが全て見えた上で、箇条書きを装飾するようにパワポに落としていく。そうすることで、相手に伝わりやすい資料が、最速でつくれるようになっていきます。

なお、僕は2万文字を超えるような文章も、基本的には事前に書くことを考えてから箇条書きしています。要するに目次ですね。

書く内容を箇条書きにして、自分で中身を把握できるところまで考えてから書く。その数字だけ聞くと膨大に感じるかもしれませんが、書くことを50個考えれば、あとは、それぞれの項目で400字ずつ書けばOKです。

2万字の文章を書くと考えると途方もない量に感じますが、400文字を50項目と考えると、グッと書けるという気がしてくるのではないでしょうか?

もしも項目が多くなりすぎたら

このように、数十秒で終わる短い自己紹介であろうが、30分続くプレゼンであろうが、口頭だろうが文字だろうが、説明と呼べるものはすべて中身を箇条書きで書き出すことでうまくいくのです。

箇条書きですべて書き出し、必要ないものを捨て、必要なものだけ残していく。

そうすることで、相手に必要な説明の最速ルートが浮かび上がってきます。

ちなみにプレゼンテーションや、長い文章などを書くときに、単純な箇条書きだけだと不便に感じるときがあります。

そういうときは「階層分け」をすると便利です。本の目次でいう一章とその中の項目の違いのようなものです。僕は、箇条書きを「○（一章）」「●（一節）」「・（一項目）」を使うことで、階層化します。

たとえば、とある清涼飲料水の広告をつくる際のプレゼンであれば、

○課題

●ブランドについて

・美味しいが認知度が低い

・飲用シーンが限られている

といった具合に3階層に分けて書いたりします。

これならパソコン、スマホ、ノートなどで簡単に階層化できます。

道にたとえるなら、

「進む方角」↓「大体の道」↓「実際に歩く道」

のように、階層が下に行けば行くほど具体的な道になっていくイメージです。

箇条書きはどこまで書き出すべきか

さて、基本的にはどの説明も箇条書きにする。そして、長い場合は階層化して整理をするという話をしました。

では、階層化はどこまでするのかという話です。

階層化をどんどんしていけば、究極のところ、ほぼほぼ文章ができあがるくらいのものになります。要するに、「説明の原稿」ができあがるわけです。

大切な説明なら、ほぼほぼ文章になるまで階層分けしたほうがいいでしょう。

企業のトップなどがスピーチライターを雇って文章化までするのと同じです。

ただ、それ以外なら、自分が安心できるところまで可視化すればいいと思います。

たとえば、友達と居酒屋で雑談するのに、説明の内容を把握する必要はありませんよね。仕事でも、気心の知れた先輩なら雑談レベルでも説明ができると思います。

一方、**緊張する場面は可視化のレベルを高めたほうがいいでしょう。**

上司に重大な相談をする、絶対に失敗できないプレゼンをする……といったときは、「ここまで把握していれば自信を持って説明できる」というところまで、箇条書きで書き出すことをお勧めします。

道を歩くときでも、自分が行き慣れている街なら、スマホのナビを開いて道を一本一本把握しなくても、安心して歩けますよね。

でも、初めて訪れた海外の危険な街で、一歩道を間違えると犯罪率が高い街だったらどうでしょうか。スマホのナビを使って、一本一本の道を確認しながら慎重に歩くと思います。

これもターゲットを見て可視化のレベルを決めることが重要です。

口頭での説明なら、状況や相手に合わせて「どこまで把握していれば自分がつかえずに説明ができるか」を推測し、事前に書き出して説明しましょう。

文章での説明で、書いていて詰まって全然先に進まないようならば、説明の内容を箇条書きで出すところに戻ったほうがいいということです。

最終的に箇条書きはいらなくなる

さて、ここまでの話で「つねに箇条書きをしなければいけないのかな。大変だな」と思う人もいるかもしれません。

しかし、じつは一度、この習慣が身につくと、すべての項目を箇条書きで書き出さなくても、自分の頭のなかで必要なものだけを出せるようになってきます。

初めて引っ越してきた街では、最初はスマホのナビを使わないと迷っていたのが、そのうち慣れて、使わずに歩けるようになってくるのと同じです。

頭のなかで出して、取捨選択できるようになっていくというわけです。

これはコピーライターの世界でもよくいわれています。

新人のころは100案くらいのコピーを出すのが、ベテランになると30案くらいになります。

これは100案を考えなくなるわけではなく、頭のなかで100案出しても、「これはないいな」と頭のなかで捨てられるようになるので、無駄な案が減るのです。

あなたも、**まず「頭から出す」習慣をつけることで、最終的には、どんどん口から出る言葉や、書く言葉自体が、最速ルートの説明へと変わっていきます。**

説明に詰まってしまう人も、ついついしゃべりすぎてどう着地するかわからない人も、それが直るだけで評価がグンと上がる可能性が高いです。

まずは1ヶ月。訓練だと思って、説明の内容を箇条書きで書き出す習慣を試してみてはいかがでしょうか？

箇条書きで説明を短くする
癖をつけると、
口から出るコトバも
自然と短くなっていく。

第2章のまとめ

・説明が苦手な人は、自分で説明する内容を整理できていない

・話が長くなってしまう人も説明の要素を把握できないことが原因

・説明の要素を分割し、整理することが速い説明の土台になる

・まずは説明の要素を箇条書きにしてすべて書き出すことからはじめる

・どの要素を選ぶかは説明の受け手から判断する

・ツイッターでもプレゼンでも長文でも、箇条書きをすべてに応用できる

・項目が多くなった場合は箇条書きを階層分けして整理する

・緊張する場面での説明であればあるほど、階層分けは細かくやる

・一度、箇条書きのクセがつけば、いちいち書き出さなくても頭のなかでできるようになる

第３章

透明ルート標識

話の道筋を一瞬で理解してもらう技術

前章では、自分の頭のなかで「説明の要素」を整理する方法をお伝えしました。これで、自分で説明しているときに、なにを話しているのかがわからなくなるのは防げるようになります。

しかし、あなたの説明が最後まで相手に聞いてもらえるかは、また別の問題です。ここまでの内容は説明におけるベーシックな部分であって、**説明をもう一段階レベルアップさせるには、もうちょっと工夫を凝らす必要があります。**

この章では、あなたの説明を相手に一瞬で理解させてしまう言葉のつくり方をご紹介しましょう。

あなたの言葉はそのままでは伝わらない

あなたは会社の上司にプロジェクトの進捗について説明しようとしています。

こちらは、丁寧に説明しているつもりですが、相手はどうも理解していない様子。

結局、伝わりきらないまま終わってしまいました。こんなとき、こう思いませんか？

「あぁー！　自分の頭のなかがそのまま相手に伝わればいいのに！」

人と人とのコミュニケーションは難しいものです。言葉はなんでも伝えられるようで、なにも伝わらないことがあります。

でもこれは仕方がないことです。人の頭のなかは、だれも覗《のぞ》くことができません。

あなたの言葉が、そのまま相手に伝わるということは、残念ながらないのです。

そこで、自分が頭のなかで組み立てた説明のルートを、相手にも共有してもらう必要があります。

「ポイントは3つあります」の問題点

その、相手の頭のなかを同じにするための代表的な手法に「**ポイントが3つあります**」という表現があります。あなたも知っているかもしれません。

「説明のポイントが3つある」と始めに言えば、自分の頭にも、相手の頭にも、「これから3つの説明がされるんだな」という共通認識ができ上がる。

だから、相手も整理して話を聞きやすいという理屈です。

僕は、この「ポイントは3つあります」という説明の仕方は、これまでの時代においては素晴らしいやり方だったと思います。

道にたとえるなら、事前にルートを説明してくれる標識のようなものです。

「37キロ先は柏。67キロ先は新宿」と道路の上に表示されている標識があると、これから通る場所の予測ができて、安心して運転ができます。

同じように、説明でも「ポイントが3つあります」と言われると、これから「ポイント①→ポイント②→ポイント③」のルートを走る説明を聞けばいいんだなという準備ができます。

ただ、**3つのポイントは「速い説明の時代」という観点から考えると、致命的な欠点があります。**「説明のポイントは3つあります」と言われた時点で「3つもあるのか。長いな」と思われてしまう可能性があるのです。

さらには、序章でお話しした「違和感」の問題もあります。

無駄な情報を受け取りたくない現代人相手に「3つのポイントがあります」と言うのは**「私がこれから伝える3つの情報をすべて受け入れてくださいね」**と宣言しているのに等しいです。聞きたくないと判断される可能性もあります。

この2つの印象を合わせると、「説明のポイントは3つあります」と言うと、**「これから長い説明をするので受け入れてください」**というメッセージとして伝わってしまうということです。

もちろん、この言い回しが有効なシーンもあります。

たとえば著名人による講演会や本など、「最後まで聞いてもらえる」「最後まで読んでもらえる」という前提があるなら、この言い回しは有効でしょう。

ただ、そうでない場合、「3つのポイント」の言い回しは、**パソコンやスマホの容量がいっぱいなのに、重いファイルが添付されたメッセージが送られてきて、「ダウンロードしますか？　しませんか？」と問われているようなものです。**

しかも、その中身は役に立つか立たないかがわからない。

僕だったら面倒くさいので「いいえ」を選びます。

これと同じような感覚で、多くの人は、「3つあります」と言われた瞬間にウンザリしてしまうのです。

コピーライターはこっそり「説明のルート」をつくる

コピーライターが置かれてきた状況は、情報で頭がいっぱいの社会における現代人のタイムマシンであるという話をしてきました。

コピーライターはたくさんの広告があふれているなかで、必ず聞いてもらえるわけではないことを前提に、言葉をつくってきた歴史があります。

広告で「ポイントは3つあります」というような表現を投げかけられたことはないと思います。

理由は簡単で、広告でそんな言い回しをしていたら、最後まで読んでもらえない、聞いてもらえないからです。

ではいったいどうすれば、もっと簡単に、相手の意識を離すことなく自分の説明を聞いてもらえるようになるのでしょうか。

じつは、**説明する相手に気づかれないで、自然と相手の頭のなかに説明のルートが共有される。**

そんなテクニックがあります。

それが、**「透明ルート標識」**という技術です。

先ほど「ポイントは3つあります」は、「何キロ先まで行けば柏、何キロ先まで行けば新宿」など、この先どこを進むのかを説明する標識のようなものだという話をしました。

「説明①→説明②→説明③というルートを通って、説明が進んでいきます」というお知らせをするやり方です。

これを、**相手に知らせることなく、無意識的に頭のなかにこれから説明するルートを受け入れる準備をさせるのが「透明ルート標識」です。**

相手が気づかないうちにルートをつくれることから「透明」と名づけました。

1　単語でいろいろ伝わる日本語のすごさ

透明ルート標識を見つけたキッカケ。それは、僕のコピーライターの新人時代にありました。

コピーライターの世界は実力主義です。打ち合わせで、自分が出したキャッチコピーが「いいね！」とならなければ得意先に提案すらされません。

新人のころ、先輩方も含めて3人くらいのコピーライターがいる打ち合わせで、残念ながら僕の案はほとんど通りませんでした。

そこで強制的にすることになったのが、コピーライターが使う言葉の観察です。先輩が書く案、世の中の広告、過去の広告までたくさんの言葉を見てきました。

そこで気づいたのが**「コピーライターにはよく使う単語がある」**ということです。

それは長い間、押し付けがましくなく最速ルートで説明することを宿命づけられた広告のキャッチコピーのDNAのようなものかもしれません。

相手の頭のなかに「このようなルートで説明しますよ」という案内を自然とつくれる単語です。 相手の頭のなかに一瞬で入り込み、パッと説明を受け入れやすくする。そんな単語です。

よくよく考えてみれば、「説明が3つあります」という説明の仕方は、欧米から輸入されてきたノウハウのように感じます。

イメージとしては、外資系のコンサルティング会社出身でたくさんの専門用語を使う方が、オーバーリアクションで三本指を大きく掲げながら使うイメージです。

ですから、この方法が普段のコミュニケーションにおいてあまり有効に使えないのも、当然といえば当然かもしれません。

それに対して、もともと日本語には相手に「情報を受け取れ！」と押しつけなくても、密かに相手の頭のなかに説明のルートをつくり出す言い回しがあったのです。

「1で10を伝える」。そんな日本人らしい技だと思います。

1をもって10を伝える。
そんな日本人らしい技が、
ここにはある。

透明ルート標識のつくり方

さて、ここからは具体的に透明ルート標識のつくり方を紹介します。

先ほどご説明した通り、日本語とは不思議なもので、わずか1単語でお互いの頭のなかに同じ説明のルートが思い浮かびます。

この単語の使い方は便利です。**あなたのすることはたった1つ、冒頭で、あなたが主張したいことに、これから紹介する単語を組み合わせて説明するだけです。**

広告におけるキャッチコピーのようなものです。まさに、「説明にキャッチコピーをつける」ということです。

相手を一瞬で惹きつけて、一瞬で相手の頭に自分と同じ説明ルートを無意識につくり、その後に続く説明を相手がスムーズに受け入れやすいようにしてくれます。

では、具体的に説明していきましょう。

「時代」――過去から未来を旅させる言葉

たとえば僕が、

「短い説明が必要な時代です」

と話し始めます。

すると、この言葉を聞いた瞬間に、相手の頭のなかにはある説明のルートを受け入れる準備ができます。それが、

「（1）これまでの時代」→「（2）これからの時代」

という説明のルートです。

説明する僕も、このルートに沿いながら話していきます。次の説明のような形です。

> 「短い説明が必要な時代です。（1）情報量がまだ少なかった時代は、長い説明も受け入れる余裕が人々にはありました。でも、（2）情報にあふれたいまの時代、短く説明しなければまず相手の頭のなかに入れてもらえません」

このように、一言目に「〜な時代です」という透明ルート標識を出すことで、相手の無意識には「（1）これまでの時代」「（2）これからの時代」という「説明のルート」を受け入れる準備ができます。

なぜなら「時代」という単語には、「過去」から「いま」の時間の流れのイメージが含まれているからです。

「○○な時代」と聞いた瞬間に、相手の無意識は話を受け入れる準備ができているので、あなたの説明が頭のなかに入ってきやすくなります。

また、説明するあなた自身も、ルートを意識しながら話すことで、説明をしやすくなります。自然と最短ルートを通って説明ができるわけです。

このひと言、時間にして、わずか3秒程度。

最初にこのワンフレーズを加えるだけで、説明がしやすく、また受け入れられやすくなるのが、「透明ルート標識」です。

付け加えるなら、**「時代」というキーワードは、とくに変化の激しい現代では、とても使いやすい言葉です。**

1年どころか、数ヶ月、ネットの世界では数日間で世の中の流れやトレンドが変わる。そういう世の中で、人々は自然と「いまはどんな時代か?」「これからはなにが主流になるのか」を確認するのがクセになっています。

いまが「どんな時代か」を教えてくれる人は、価値のある存在であり、そういう話にはつい耳を傾けたくなるのです。

SNSやウェブの記事などでも、伝え方が上手な人は「時代」という単語を使って、キャッチーかつ端的に主張を伝えています。

また、この言葉は説明に使うと便利なだけではありません。

「いまってどんな時代だろう?」と考える習慣をつけ、ネタを貯めておく良い訓練になります。

「どんな時代か」を気にする周りの人に感謝されるので、ぜひ積極的に「時代」というキーワードを意識しながら、情報収集をしてみてください。

「ポイントが3つあります」のルート標識

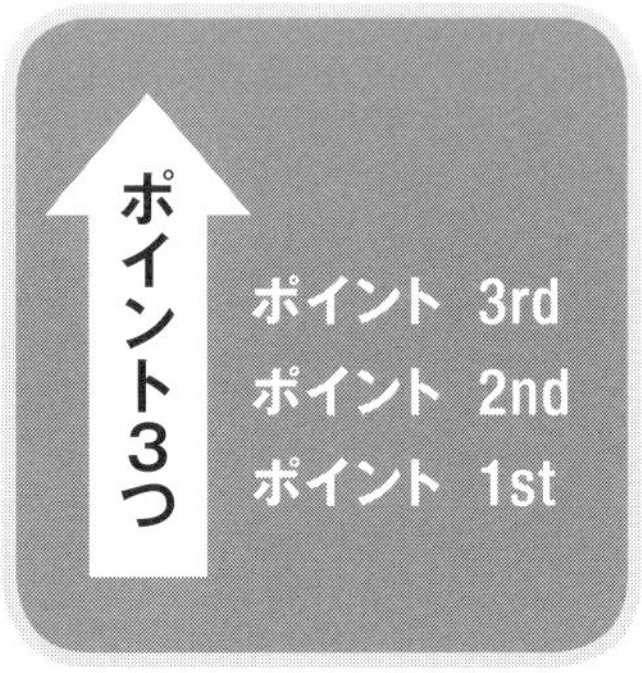

「〜な時代です」の透明なルート標識

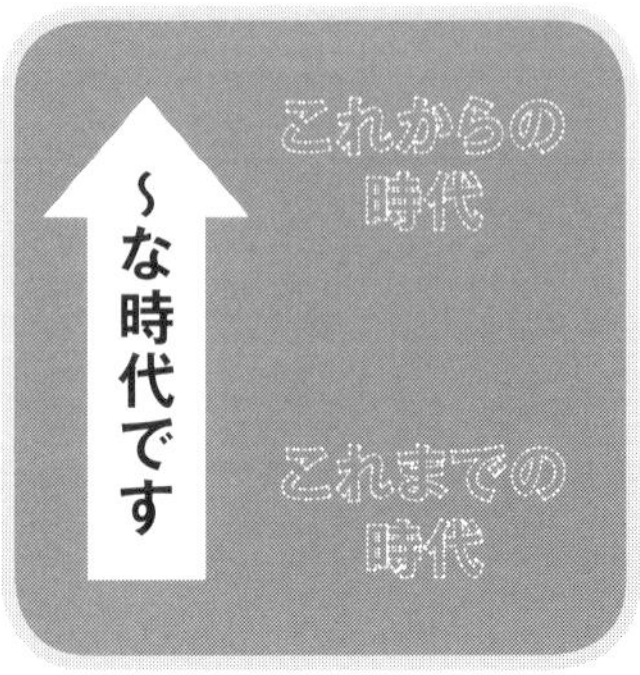

「挑戦」——問題・課題と解決策をつなげる言葉

次にご紹介したい単語が「挑戦」という透明ルート標識です。この単語には「始める」という意志に加え、「そこに至るまでの障害になりそうなこと」「それをクリアするだけの理由を持って始める」といった意味が含まれています。

そこで、この「挑戦」という単語をなにかを始めたいという主張に組み合わせると、

「(1)成し遂げたいことの前にある障害」→「(2)それを越えられる理由」

という説明のルートを、相手の頭の中に準備してもらうことができます。

たとえば、新規事業の提案をしたいとします。そのとき、挑戦という単語を組み合わせると、ルートに沿って、このような説明ができます。

> 「私たちは新規事業に挑戦すべきです。(1)たしかに我が社はいままで新規事業の経験はありません。しかし、(2)何十年間も積み重ねてきた企画の力は新規事業にも活かせると私は信じています」

新しいことを始める、そんな説明をするときに、聞く相手はマイナス要素を思い浮かべやすいです。

そのときに、挑戦という言葉をひと言目に使えば、マイナスとなる壁の要素をこちらから話せます。そして、マイナス要素を乗り越える方法を踏まえ、説明できます。

「卒業」——現状を認めながらも終わらせる言葉

続いて、挑戦とは反対に「なにかをやめる」……そんなちょっと気まずい提案で使いやすいのが「卒業」という透明ルート標識です。

アイドルが辞めるときに、よくこのフレーズを使いますね。

この卒業という単語を使うと

「（1）昔の成果を褒めながら」→「（2）辞めようという提案」


というルートができます。

たとえば、自社の社長が長らく続けてきた対面の営業手法が、顧客のニーズと合わ

ず時代遅れになっていたとします。このときに、

「もう対面のビジネスはやめたほうがいいと思います」

と言うと、どうしてもトゲがあります。

社長自身、その問題点に気づいているかもしれませんが、その営業手法をいままで大切にしてきたという思いもあるでしょう。こんな直球の言い方をしては、そのあとの説明を聞いてもらえません。

ここで、「卒業」という単語を使ってみます。


「そろそろ私たちも対面のビジネスから卒業するべきじゃないでしょうか。（1）たしかにいままで対面のビジネスは効果をあげてきました。しかし、（2）ウェブが発達してきたいま、その役目を終えてもいいのではないかと思うんです」

こんな風に、従来のやり方の一定の成果を認めつつ、ポジティブに終わりを提案することができます。

頭のなかに情報があふれている状態だと、人は「聞きたくない話」より「聞きたい話」をインプットしやすいです。

「卒業」を使うことで、「辞める」という説明を相手の頭のなかに入れやすくなるのです。

「出会い」——相手の短所をスムーズに表現する言葉

次に「出会い」という単語です。これは、冒頭で使うことによって、相手の頭のなかに掛け算のルートを受け入れる準備ができる標識になります。

たとえば、

「必要なのは、大企業とベンチャーとの出会いです。（1）大企業はその資本力と経験を、（2）ベンチャーは機動力と最先端の技術を活かし合うことで、新しい事業をつくり出していけます」

というように、相手の頭のなかに（1）と（2）の掛け算を思い浮かべてもらいながら、説明をすることができます。

ここでのポイントは、**互いの長所しか述べていないのに、暗に互いの短所にも言及しているということです。**

先の説明では、じつは「大企業は動きが遅い」「ベンチャーは経験とお金がない」という両者の短所も述べているのです。

しかし、短所、あるいは課題を指摘されることは、聞いている相手にとってあまり気持ちのいいことではありません。

そこで、**「出会い」という言葉を使って両者の長所と短所を補い合う関係性を先にイメージさせ、暗に両者の短所に言及しても、心理的抵抗を少なくする**わけです。

「力」――ネガティブな言葉をポジティブにする言葉

次にご説明したいのが「力」という単語です。

本のタイトルなどでもよくありますが、**単体ではネガティブにしか受け取られないような単語でも、「力」をつけると途端にメリットを感じるようになります。**

たとえば、失敗という単語でも「力」をつければ、不思議なもので、メリットを感じる準備が相手にでき上がります。

「営業は失敗力が大切です。（1）失敗というと一般的には避けるべきものという印象が強いと思います。しかし、（2）失敗すればするほど経験が貯まります。恐れず失敗することで、飛躍的な成長も見込めるのです」

（1）その言葉単体でのネガティブな意味を説明し、（2）しかしその言葉を自分がどうポジティブに解釈しているのかという説明のルートをつくれます。

どんな言葉につけてもメリットを伝えやすい便利なルート標識です。

現代人は、自分にとってメリットがある情報か、そうでないかに敏感です。

主張したいことに「○○力」とつけると、聞いてもらえる可能性が上がります。

自由度の高い「ビフォアー&アフター」型

ここまではワンフレーズでお互いの頭のなかに共通認識を生み出す透明ルート標識を説明してきました。

ここでもう1つ。型を使った透明ルート標識を紹介していきます。

ここまでに説明した5つの言葉は非常に単純で使い方が簡単ですが、単純であるがゆえに、表現の幅や使用できる話題に限りがあるのも事実です。

そこでぜひ知っておいていただきたいのが、次に紹介する**「ビフォアー&アフター」型**です。

これは、自分でルートをつくり上げるような感覚で使ってもらえます。

非常に便利で、広告のキャッチコピーで使われることが多い型なので、あなたも見かけたことがあるかもしれません。

ビフォアー＆アフター型は、

「〇〇から〇〇へ」

という言葉を使います。

この型の言葉は、「現状から望む未来まで」を最速で描ける型として重宝されています。

もちろん広告だけでなく、普段の説明で相手の頭にルートをつくるためにも使えます。冒頭で短く、これから説明するルートをひと言で表すやり方です。

これをすることで、相手はどんな説明が来るかを頭のなかでルートを描きながら、説明を聞くことができます。

「イヤイヤする説明からワクワクする説明へ」
「人が働く時代から機械に働いてもらう時代へ」
「縦型の組織から横型の組織へ」

というように、冒頭にこの型を使うと、話の始まりから終わりまでの説明ルートが相手の頭のなかに描かれ、一瞬で説明を受け入れる準備ができます。

説明する側も自分で短くまとめたルートに従って話を展開できます。

たとえば、

「(1) イヤイヤする説明から、(2) ワクワクする説明へ。これがこの本のコンセプトです。

(1) 説明することは、苦手意識を持つ人が多いことからイヤイヤする人が多いです。(2) でも私はこの本を通して説明をワクワクしながらしてもらえるようになってほしいと思っています」

というように、冒頭に短くまとめたルートを元に説明を展開できます。

世の中の説明は、現状をもっと良い状況にしようと説明されるものが多いです。

満足でない現状から、理想とすべき未来を最初に指し示すビフォアー&アフター型は、現状を良くしようとする説明にピッタリです。

「ビフォアー&アフター」型は思考ツールでもある

「ビフォアー&アフター」の型は、説明する側が、**説明する内容を組み立てる際の思考法**としても使えます。

たとえば先の例で言えば、僕はこの本を書くにあたって、「イヤイヤ説明する人たちをなくしたい」という思いがありました。

これをビフォアー&アフターの型にはめると、

「イヤイヤする説明から、〇〇する説明へ」

となります。

イヤイヤの反対はなんだろう？　そう考えると、「ワクワク」が思い浮かびました。

「現状ある問題を解決したいという思い」があったときに、**「じゃあ、どういう未来があればいいの？」**という解決策が浮かぶのです。

「ビフォアー&アフター」型は課題の発見にも使える

ビフォァアー&アフターの型は、**「理想」とする状態から現状の問題点をあぶり出すこともできます。**

たとえば、経営者が「自主的に働く従業員を増やしたい」という思いを持ったとしましょう。

そのときに、「自主的に働く」の反対はなんだろうと、「現状の問題点」をあぶり出してみることができるのです。

「○○な仕事から、自主的な仕事へ」

型にしたがって考えると、このようにビフォァアーの部分が空白になります。

この空白に埋まる言葉はなんだろうかと考えると、「自主的」の反対は「指示待ち」だ……という風に、現状の問題をうまくいい当てる言葉が出てきやすくなります。

たとえば、こうです。

「指示待ちの仕事から、自主的な仕事へ」

こうすると、社員は自分の会社ではなにが評価されず、なにが評価されるのかがわかるようになります。

社長が、どんな方向へ会社を動かしていきたいかがわかるので、動きやすくなるのです。

「ビフォアー&アフター」の透明ルート標識は、説明しやすいだけでなく、あなたの説明を、一段深めるのにも役立ちます。

入りを工夫した説明は、
終わりまで聞いてもらえる
説明になる。

第3章のまとめ

・説明を短時間で理解してもらうには、頭のなかの説明マップを相手にも共有させる必要がある
・コピーライターは相手の頭のなかにこっそりと説明のルートを共有させる「透明ルート標識」のつくり方を知っている
・日本語に元々ある言い回しで、1を話して10を理解してもらうことができる
・「～の時代です」という言い回しなら、過去から現在のトレンド変化を表現できる
・「挑戦」という言い回しなら、課題と解決策の話の流れを表現できる
・「卒業」という言い回しなら、現状を認めながら終わらせる提案が表現できる
・「出会い」という言い回しなら、問題・課題を補う新しいマッチングを提案できる
・「力」という言葉をネガティブな言葉につければ、ポジティブな意味に変えられる
・「〇〇から〇〇へ」という言い回しなら、説明も短くなり、自分の思考を整理しやすくなる

第４章

脳内ナビ・ワード

相手を話に引き込んで、最後まで飽きさせない技術

説明の途中から、明らかに相手の興味・意識が自分に向かなくなっている……

簡単に言えば、自分の話が飽きられているという体験はないでしょうか？

もっと相手の意識を、自分の説明に引き込みたい。

そんなときに使えるのが、この章で紹介する**「脳内ナビ・ワード」**です。

カー・ナビゲーション・システムは、「100メートル先を右折してください」など、音声によって、運転手に次にとるべきアクションを促します。

自分が設定したルートに従ってもらえるように、ポイントごとにちゃんと注意を呼びかけるわけです。

説明も同じで、最初に聞き手とルートを共有しても、いつのまにか相手と共有した説明のルートが、相手の頭のなかから抜けてしまうことが少なくありません。

大事な説明の場面や、相手がいまいち自分の説明を理解してないなという場面で使うことによって、グッと自分の説明に引き込める便利な技術です。

ナビ・ワード①

たとえ話

相手をグッと説明に引き込みたい。

そんなときに「たとえ話」は、非常に有効な技です。

たとえ話は、相手に合わせていろいろ変えていくことができるのがいいところです。

相手の趣味に合わせることもできますし、相手の年代に合わせることもできます。

オーダーメイドで相手に合わせてつくってあげるような感覚で使用することで、相手はぐんぐんと説明に引き込まれていくのです。

たとえば、あなたが後輩に、

「仕事の効率が落ちたときのために、リカバリーする方法を持っていたほうがいいよ」

と、アドバイスしてあげたいとします。

そのまま伝えると説教くさくなるかもしれませんね。

でも、もし相手がゲーム好きだということがわかっていたとしましょう。すると、ゲームのたとえ話を使うことで、相手は聞きやすくなるかもしれません。

たとえば、

「やる気が出ないときのために、自分なりの回復魔法を持ってたほうがいいよ」

と説明を始めてみる。

これは「回復魔法」という彼の興味のありそうなジャンルの言葉を入れることで興味を引き、自分の説明したい方向へとナビをするテクニックです。

相手の興味のありそうなこと、理解できそうなことから話をすることで、グッと説明を聞いてもらえる確率は上がります。

野球好きの同僚であれば、スポーツにたとえてもいいでしょう。

たとえば、こんな説明です。

「ルーティーンって大事ですよね。一流の野球選手がバッターボックスに入る前に毎回同じ動きをするやつです。私も朝起きたらやるルーティーンがあるんです。まずコーヒーを入れてから、窓際の机に座ってノートを見る。ノートには前日のうちに今日やることが書かれている。このルーティーンを使うと仕事がスムーズに始められるんです」

序章でも触れましたが、現代人は、ウェブ広告のリコメンド機能などで、自分宛にカスタマイズされた情報に慣れています。

そのせいで、自分に向けた情報じゃないと判断した瞬間に情報をシャットアウトしやすいです。

たとえ話を使ったテクニックは、**「あなたに向けた情報ですよ」**というメッセージを暗に出すことができます。

自分宛にカスタマイズされた情報を好む現代人には、より有効な手段になってきているのです。

専門用語もたとえればわかりやすい

抽象的でちょっとわかりにくい話を具体的にし、相手に理解しやすくするのも、たとえ話が持つもう1つの効能です。

たとえば僕は体が硬くて改善したいと思っているので、ヨガのプライベートレッスンに通っています。

一般の人に比べ、かなり体が硬いらしく、普通のクラスでは授業についていけなかった経験があったので、プライベートレッスンにしました。そこでレッスンを担当していただいているキヨ先生のたとえ話が非常にわかりやすいんです。

僕が「なるほど！」と思ったのは、キヨ先生の仙骨の立て方のたとえです。

ヨガは仙骨といって、お尻の付け根の骨を立てて床に座ることが基本中の基本です。

ですが、僕は体が硬すぎて、そもそも自分がいまどんな状態なのかもわからず、なかなかこの仙骨を立てることができませんでした。

そんなときに先生が言ってくれたのが、このひと言です。

「お尻のポケットを見せるように」

床に座っているときに、仙骨を立てている状態じゃないと、ズボンのポケットは見えない。「仙骨を立てるように座りましょう」と言われてもどうすればいいのかサッパリわかりませんが、**「お尻のポケットを見せるように座りましょう」と言われれば、自分でもどうすればいいのかがわかります。**

これは非常に具体的でわかりやすいなと感心しました。

ヨガの「仙骨を立てる」のように、**ある業界では当たり前で、その人たちにとってはイメージしやすいワードでも、ほかの業界の人からしたら、わかりにくい言葉はけっこうあります。**

ほかの人にどう言い換えたら伝わりやすいか、どういえば理解にたどり着くのかを考えておくのも、説明においては非常に役に立ちます。

相手に合わせて、
オーダーメイドで説明する。
それが、たとえ話。

ナビ・ワード②

ニュー慣用句

続いての脳内ナビ・ワードは、ニュー慣用句です。

「犬も歩けば棒に当たる」とか「猿も木から落ちる」とか、みんなが知っている慣用句ってありますよね。これを少し改造してつくるのがニュー慣用句です。

たとえば、あなたが人材業界でいま若手の流出が激しいことを言いたい場合、

「最近の若者は、『石の上にも3ヶ月』くらいの感覚ですよね」


などと使ってみます。

本来の言葉は「石の上にも3年」で、3年くらい我慢していれば石が温まって心地よくなってくるから、我慢しようという意味の言葉です。

しかし、最近は新卒の若者が3年で転職するのが当たり前です。決断の早い人だと3ヶ月くらいで職場を判断し、働き続けるか否かを決めてしまうこともあります。

つまり、若者の間では「我慢」の期間が短くなっているわけです。それを端的に、かつ印象的に説明するために、既存の慣用句の表現をちょっと変えたニュー慣用句をつくり、相手に伝えるのです。

慣用句のいいところは、相手もなんとなくどういう意味か知っているということです。みんなが知っている言葉でありながら、新規性ができます。

序章で「既視感がある説明は無視されやすい」と話をしました。

ニュー慣用句はみんなが知っている慣用句の一部を変えるだけなので、「えっ？なに？　どういうこと？」と新しい情報として注意を惹くことができます。

もちろん、マニアックな慣用句を選んではいけません。

相手と自分の共通認識を利用するのがこのテクニックの肝ですから、そもそも元の慣用句を知らなければ、うまく機能しなくなってしまいます。

なお、共通認識という意味では、**別に慣用句や熟語のようなものでなくても、普段**

から使われている単語をちょっと変えるだけで効果があったりします。

たとえば、歯科業界で、

「モテるのには**美肌**も大切ですが、**美歯だ！**　も効きます。ホワイトニングなどいかがでしょうか？」

というように、「美肌」を変えて「美歯だ」という用語をつくってもいいでしょう。

ニュー慣用句をつくるコツは、日頃から「言いたいことを、こういう言葉だったらうまく使えるかも」とネタを探すような感覚で、本や雑誌、ネット記事を見ることです。

また逆に、「ここは伝えたい」というポイントが出てきたら、慣用句集などを眺めながら、説明に当てはまりそうな慣用句を探すのも結構楽しいです。

「みんなが知っているのに、新しい」という特性からSNSなどでも反応がよくなる技なので、ぜひ使ってみてください。

ナビ・ワード③
数字

続いての脳内ナビ・ワードは、数字です。

具体的にイメージしやすいとき、人は説明に引き込まれやすくなります。数字は、曖昧なイメージを具体的にしてくれます。

たとえば、自社の商品をお店に置いてもらいたいときに、

「すごく売れてるんです」

と言っても、店側としては「営業マンはみんなそう言うんだよね」と聞く耳を持たないでしょう。でも、

「10秒に1個も売れている商品なんです」

と言われると、「すごく売れてるな」と感じ、どんな商品なのか聞きたくなります。

地方のお土産も一緒です。

歴史がありそうな観光地に行けば、お土産屋さんが「伝統の一品です」と言っても、観光客は「そりゃ歴史があるだろ」と思いますが、

「300年の歴史があります」


などと言うと、そのすごさが具体的にわかって、説明に引き込まれやすくなります。

これも序章で解説した「既視感のある説明は聞かれない」に関わってきます。

「売れてる商品です」「伝統の一品です」という言い回しは、どこかで聞いたことのある言葉です。だれでも言えるので、信頼性は高くありません。

しかしここで「数字」を入れると、情報に新規性・具体性が生まれ、人は説明を聞く態勢ができ上がります。

ポイントで数字を使えば、相手を自分の話に引き込むナビになるのです。

ナビ・ワード④

体験談

説明の難しいところは、短くまとめようとすると、どうしても抽象的な内容になってしまいがちなところです。抽象的な話は聞き手にとってイメージしにくく、「以前聞いたことのある情報と一緒」と認識されやすいです。

序章で説明したとおり、現代人の脳は「また聞いた話だ」と思うとシャットアウトしてしまいます。

そんな現代において、**あなたの体験談を交えて話すことは、圧倒的なオリジナリティになります。**

テレビのワイドショーなどを見ていると、上手なコメンテーターは意見を求められたとき、単純に自分の感想や意見を述べたりはしません。彼らは往々にして

「先日の話なんですが……」

と、自分の体験談を絡めながら、主題となっているニュースに対する意見を述べたり、持論を主張したりします。

物語（ストーリー）は人の意識を引きつける力を持っています。ストーリーが始まると、「その結末はどうなったんだろう」という好奇心をかきたてるのです。

たとえば、「短い説明が有効だ」という主張を僕がしたいとしたら、

「先日の話なんですが、ある人の説明を短くまとめたら『ありがとう』と感謝されたことがありまして……そのある人というのがじつは……」

と始めてみます。こうすることにより、相手はまずストーリーの続きが気になりますし、そのあとの説明にも興味を持ってくれるようになります。

とくに、普通の人にとって一番使いやすい体験談が、**「自分が新人のころの経験」**

というストーリーフォーマットです。

たとえば後輩がメモを取らなかったせいで失敗したときに、

「なんでメモを取らない！　だから何度も失敗するんだろ！」

というと、頭ごなしに叱っている感じが出ます。そんなときに、

「私も新人のころには『なんでメモしない。だからミスするんだろ』と先輩に怒られたことがあってね」

と、サラッと自分の昔の失敗談を入れてあげるのです。

このフォーマットを使うと、「失敗したときの気持ちを自分はわかっている」という前提で話ができます。

また、その前提を相手も共有できるので、失敗した後輩も受け止めやすくなります。

ちなみに、**新人のころの経験談は、SNSなどでもうまく絡めて話ができれば、説教くさくなりづらく「いいね」がつきやすい傾向にあります。**

体験談は、
まだ誰も聞いたことがない、
オリジナルストーリーになる。

第４章のまとめ

・自分の説明を最後まで聞いてもらうには、曲がる箇所を音声で知らせるカーナビのように、相手の注意を引きつける「脳内ナビ・ワード」を活用するべき
・相手の興味関心の対象に合わせて適切なたとえ話をすることで、注目されやすい説明になる
・たとえ話を使うことで、抽象的な内容も具体的になり、相手も理解しやすくなる
・既存の慣用句を少し変えたニュー慣用句を使うことで、共通認識を利用しつつ新規性を持たせることができる
・数字を使うことで具体的なすごさを表現でき、相手の話を聞く態勢をつくれる
・自分の体験談を説明に組み込むことで具体性、ストーリー性を持たせ、相手の注意を引くことができる

第５章

無意識クラクション

ポイントをさりげなく強調して、相手の印象に残す技術

ここまでは最速で説明するための基本から、相手の頭のなかをこっそり自分と一緒にする透明ルート標識、相手をグイグイ説明に引き込んでいく脳内ナビ・ワードとお伝えしてきました。

この章でお伝えする新しい技は、**こっそりと「ここ大事だよ」と相手の脳に教える「無意識クラクション」のつくり方です。**

この技術も、僕たちコピーライターが普段から使っている技をふんだんに盛り込んでいます。

「無意識」としたのは、コピーライターの技術は、「ここが大事」と言わなくても、「大事」と感じさせることができるからです。

この技術を使えば、プレゼンの大事な場面でグッと相手の心をつかむこともできますし、ＳＮＳの投稿の締めに使うことで、グンと「いいね！」が増えたりします。

ここでは、そんな5つの無意識クラクションのつくり方をお教えします。

クラクション① 「重ねる」

「ここが大事」「聞いてほしい」

そんなときに、あなたはどうするでしょうか?

「ここが大切なポイントなのですが」と言ったり書いたりというのが頭に浮かぶかもしれません。

けれどコピーライターは、「3つのポイントがあります」と同じで、あえて相手の脳にストレスがかかるような言い回しは使いません。

そのときに使うのが、**「重ねる」**という技です。

たとえば、アイデアは、説明と同じようにターゲットを絞り、また本当に必要な要素だけに絞ったほうが強くなる。

そんなことをまずひと言で言いたいとします。

アイデアは絞れば、強くなる。

このように言い切るのも悪くないと思います。

でも、ここではアイデアを絞ることの大切さを伝えたいわけです。

そこで、「絞る」を繰り返してみます。

アイデアは絞れば絞るほど、強くなる。

どうでしょう。アイデアを絞る大切さが、より伝わるのではないでしょうか。

いまのは単純に重ねる、もっともオーソドックスなパターンです。きっと使いやすいと思います。

ただ、重ね方にはいろいろバリエーションがあります。

ほかにも、**「離して重ねる」**というのもよく使われる手法です。

たとえば、「家族など身近な人って、ついつい甘えて、使う言葉が雑になってしまいがち。でも、身近にいる大切な人だからこそ、使う言葉は、きちんとしたいよね」ということを説明したいとします。

これをシンプルにひと言で表現すると、

大切な人への言葉は、ちゃんと考えよう。

ですが、アッサリしすぎていて、あまり印象に残りません。ここで「なにか言葉を重ねられないだろうか？」と考えてみます。そうすると、

大切な人への言葉は、大切に考えよう。

と、「ちゃんと」の部分を「大切に」で重ねられると気づけます。

あえて同じ言葉を「重ねる」ことで、強調したいところを、さりげなく相手にアピールできるのです。説明の冒頭や締めに使うだけで、グッと相手の心をつかめます。

想いを重ねたいときは、
言葉も重ねよう。

クラクション②

「落差をつける」

言葉は難しいです。とくにストレートな思いを説明するときほど、気をつけなくてはいけません。

なぜなら、**まっすぐな思いほど、多くの人が使っていて、既視感のある言葉になりやすいからです。**

コピーライターも同じく、クライアントが素直な思いを伝えたいときこそ、その表現に気をつけます。

せっかく担当する企業が素敵な思いを持っていても、その情報がほかの情報と同じだと無視されてしまっては、広告の効果が薄れてしまうからです。

そんなときに使えるのが、**「落差をつける」**という手法です。

たとえば、あなたが人生において、つねに正直でありたいと思っていたとします。

そして、

正直なままで、成功したい。

こんな思いを持っているとします。
この思い自体は素敵です。
でも、このままだと「へー、そうなんだ」と流されてしまう可能性があります。
ここで、あえて落差をつけてみましょう。

嘘をつく成功ならいらない。正直なままで成功する。

このように、一度正直の反対を持ってきます。こうすることで、より正直という部分にフォーカスが当たります。
ほかにも、

営業には聞く力が大事。

というアドバイスも、一度落差をつくることで、

営業に必要なのはしゃべる力ではない、聞く力だ。

というようになります。

一度ほかの要素を否定してから持ってくると、聞く力が大事だということがよりわかりやすくなります。

自分が言いたいことをストレートに伝える前に、あえてそれとはまったく反対のことを持ってくる。

そうすると、その落差によって、自分が伝えたいことを比較させ、グッと重要に感じてもらえるのです。

クラクション③

「問いかける」

あなたは「なぞなぞ」って好きですか？　僕はそこまで好きでもないのですが、テレビなどを見ていて、なぞなぞの問題が出てくると、ついつい考えてしまいます。

人は問いかけられると、自然とその答えを考える習性を持っているようです。

なので、コピーライターも広告でよく問いかけを使います。

広告で商品について考えてもらうのに、問いかけはいい入り口になるからです。

クルマって、なんだろう。
良い暮らしって、なんだろう。
品質って、なんだろう。

こうした問いかけは広告だけでなく、講演で使うのもお勧めです。

たとえば、金融系の講義だったとします。


「金融知識が必要な理由って、なんだと思いますか？」


こう問いかけてみます。

実際に答えてもらう必要はありません。でも、こう問いかけると、説明について考えるモードに入ってもらえます。

この視点に立つと、SNSも「問いかけ」であふれていますよね。


働くって、なんだろう。

夫婦って、なんだろう。

仕事って、なんだろう。

こういう問いかけが生まれるように、疑問を投げかけることで、そこには議論が生まれ「いいね！」数や「シェア」数が伸びていきます。

問いかけられると、ついついその答えを考えてしまう。

シンプルですが、人を惹きつけるのに問いかけは確実に効くのです。


なお、口頭でこのテクニックを使うときは、あまり相手に長時間、考える時間を与えないほうがいいでしょう。

問いかけをする目的は相手の注意を引くためであって、本当に相手に深く考えさせることではありません。

むしろ、正解のない質問の場合、自分がこれから話す内容と対立する考え方をもたれてしまい、その後の説明が受け入れられにくくなってしまうこともありえます。

クラクション④

「韻を意識する」

似ている音を特定の場所で繰り返すことを「韻《いん》を踏む」と言います。

ラップなどで非常に重視される言葉のルールですが、**ごくごく普通の説明でも、韻を意識しているかどうかで、相手の耳当たりがかなり変わります。**

これも、自然と大事なポイントを人の記憶のなかに残せる方法です。歌詞とかも気持ちよく口ずさめるものは、だいたい上手く韻が設計されているんですね。

簡単なのは、似ている単語を探すことです。

たとえば、本書では説明のコツを「可視化することだ」と主張してきています。そのときに

「説明は、**可視化**することで、**価値化**されます」

と表現してみるのです。

ローマ字にしてみるとわかりますが、

可視化：KA**S**HIKA
価値化：KA**C**HIKA

こんな風に、「可視化」と「価値化」はSとCの違いしかありません。それ以外はすべて同じなので、1つの文章で組み合わされると、気持ちよく響くのです。

韻の初級編としては、「可視化」「価値化」のように、子音を含めて、まず主張したい単語に似ている単語はないかを探すことです。

1文字だけ変わる単語は、母音もほとんど同じなので探しやすいんですね。

一方、韻の上級編としては、**子音は違うけど母音が一緒の単語**を使うことです。

ここまで来ると、気づかない人は、「なんかこの単語、気持ちがよくて印象に残るんだよなぁ」と理由がわからず、仕掛けたほうだけがわかる手品のようになっていきます。

たとえば、

「営業力とは、傾聴力である」

だと、

営業力：EIGYOURYOKU
傾聴力：KEICHOURYOKU

というように、母音だけこっそり同じ音の単語がつくれます。

このように、気づかれずに耳が喜ぶ単語をつくれるだけでなく、あまり聞いたことがないオリジナルな言い回しを生み出せるのも、韻のいいポイントです。

情報にあふれたこの時代、どこかで聞いたことのある言葉は無視されやすいので、自分が強調したいポイントを、韻を踏みながらつくってみるというのは、説明が受け入れられやすくなる1つの技です。

この韻を踏む練習にお勧めなのは、**街中で目に入った単語で「韻が踏めるかな」と遊んでみること**です。

たとえば、「アメリカ村」という文字を見かけたら、「アメリカ（AMERIKA）」と同じ母音を使った4文字の言葉はなにかないだろうかと、遊びで考えてみてください。

「パエリア（PAERIA）」「豆柴（MAMESHIBA）」など、いろいろあると思います。

こうすると自然と説明にも韻の威力を使えるようになってきます。

クラクション⑤　「ズラす」

コピーライターは、「カブる」ことへの恐れが強い人種です。企業同士でキャッチコピーが被ると、消費者から「また同じだ」と見てもらえない恐れがあるからです。
そこで生まれた技が、**意外性のある言葉を組み合わせる**ことです。たとえば、

「自由は、素晴らしい」

と言われるより、

「自由は、難しい」

と言われるほうが、話を聞いてみたくなりませんか？

これは、一般的な文章だと、自由というポジティブな言葉のあとに「難しい」という単語が続くことがあまりないからです。

予想外の言葉を続けて、一般的な言葉のつながりからズラしているパターンです。

また、ズラすために、まったく違う分野から単語を持ってくる方法もあります。

たとえば、

「商談の前には準備をしっかりしなさい」

と言われると当たり前に感じますが、

「商談は下ごしらえが一番大事」

というように、ビジネスの話のなかに「料理用語」を持ってきて組み合わせると、「どういうことなんだろう?」と聞いてみたくなったりします。

ありがちなことを工夫して説明するときには、**一回立ち止まって、ほかの表現ができないかと考えてみる。**

それだけで相手の心をグッとつかむ説明ができ上がるのです。

もちろん、あまりにも突拍子のない言葉を結びつけて、解説に余計な説明が必要になってしまっては本末転倒です。注意してください。

透明の技は、おもてなし

ここまで**「透明ルート標識」「脳内ナビ・ワード」「無意識クラクション」**と技をお伝えしてきました。

これらのテクニック、僕は日本語の奥ゆかしさを感じて好きです。「大切なポイント」と言わずに、「重要である」ということを、相手に無意識で感じてもらう。

それはつまり、情報にあふれた相手の脳に、負担をかけずに重要なポイントを教えることになります。

要するに、これらの技は、説明における「おもてなし」なのです。

あなたも、言葉の技を説明に織り交ぜることを、楽しんでみてください。

資料の文や、普段の説明にコッソリと混ぜる。ＳＮＳで使ってみて、反応を楽しむ。

そんな**「言葉を企む」**という楽しさを感じ取ってもらえたら嬉しいです。

相手の脳に負担をかけない。
それが、情報にあふれた時代の
おもてなし。

第5章のまとめ

・説明のなかでとくに相手に強調したい部分をさりげなく表現するには、無意識クラクションを活用するべき

・同じ言葉をあえて重ねることで、その言葉を強調できる

・一度、自分の主張とは逆のことを否定してから自分の主張を続けると、それも強調表現になる

・相手に一度問いかけをしたあと、それに答える形で自分の主張を述べるのも強調になる

・言葉の母音が同じ言葉を続けることで読んだときの文章の気持ちよさをつくりだし、印象に残すことができる

・普通は組み合わせない言葉同士を組み合わせることで、「どういうことなんだろう?」と聞く人の注意を引き、強調することができる

終章

シチュエーション別で見る「説明のコツ」

この章では、実際のシチュエーション別に合わせた説明のコツを伝えていきます。

これまで紹介した最速ルートのつくり方や、透明な説明の技たちは、どの説明でも使えるものですが、シチュエーションを限定することで、それぞれの説明のコツをくわしくお伝えしたいと考えました。

説明の悩みが多いシチュエーションを選んだので、現在悩んでいる場所を中心に見てもらえたら幸いです。

1 上司への説明

この本を書くにあたって、説明の悩みをいろいろリサーチしたのですが、上司に対する説明に苦手意識を持っている人は、本当に多いなと感じます。

自分の評価を握っている存在として、苦手意識が出るのは仕方がないかもしれません。だから緊張する。自分でも訳のわからない説明になってしまう。

コツは説明するときに、安心を最大化することです。

安心できているかどうかは、パフォーマンスに影響を与えます。

プロスポーツの世界でも、トップレベルの戦いは技術の差より、安心を得た上でプレーできているかできていないかが、結果を大きく分けるそうです。

説明もこの状況に似たところがあります。

もしもあなたが上司になにか説明をするときに安心できていないのだとしたら、まだまだ自分の頭のなかで、なにを説明するのかをきちんと整理できていないせいかもしれません。

まずは、**第2章で解説した、説明の要素を全部出して、上司のタイプに合わせて必要な情報だけ残して最速ルートで説明するということを徹底するのが役に立ちます。**

説明することが自分のなかできちんと可視化されていれば、まず1つ安心できますよね。

話しに行く前にメールを送る

たとえば、職場での説明がうまく行ってない人のパターンを聞くと、上司の前にいきなり立って説明を始めていることが多いみたいです。

なかなか伝わらず、上司がしびれを切らして質問攻めに合う。結果、伝わるのに時間がかかり、説明するほうも上司も、お互いに消耗するという状況です。

このようなパターンに比べ、僕が知っている上司と良好な関係を築いている先輩は、

なにか報告をするときに、つねに事前にメールを送り、その上で話をしにいっていました。

要するに、必要な情報を自分のなかで抽出して、それを1回メールの文面にまとめ、相手に受け止めてもらったタイミングで話をしにいくということです。

こうすると、上司としてはメールの文面で説明されるルートをざっと把握した上で、説明を聞くことができます。

説明する側も、一度文面として可視化することで、話す内容が固まっていますし、相手に最低限の情報はメールで伝わっていることを前提に、リラックスして説明できます。

相手に文面でも口頭でも説明する状況をつくり出すことで、安心を最大化しているわけです。

上司に苦手意識を持っている方は、事前準備をしっかりして安心を最大化し、説明に臨むのがポイントです。

上司が途中でしゃべり出したら

上司への説明が苦手な人の悩みを聞くと、多くの悩みが「自分が説明している途中にしゃべり出す」というものでした。

自分が説明している途中に上司に口を挟まれることで、ただでさえ緊張するのに話がメチャクチャになってしまうのが嫌なんだそうです。

僕がこういうパターンでアドバイスするのが、**説明は自分1人でではなく、相手と進めることをイメージしよう**ということです。

僕も昔、上司と話すのは苦手だった人間なのでわかるのですが、上司への説明が苦手な人は、そのストレスから説明を早く終わらせることを目指しがちです。

とにかく自分の説明を終えて楽になりたいと思ってしまいます。

これは、道にたとえるなら、相手がついて来てようが来てなかろうが、さっさと説明の道を歩いてしまおうという状態です。

しかし本来、**説明の目的は、相手を理解まで導くことです。**

そのためには説明の道を上司と一緒に歩くことをイメージします。

上司が途中でしゃべり始めるのは、上司が「こっちの方が近道じゃないか?」と、あなたが当初イメージした道とは違う道を歩き始めたということです。

結局は上司が理解さえしてくれればいいのですから、「かもしれませんね」とそちらの道について行ってみましょう。

つまり、一旦上司の話を聞いてみる、ということです。上司がどんな説明のルートを歩いているのか把握し、それを自分の説明に取り入れながら、ゴールまで導きます。


上司への説明はなにかの承認を取りつけるためということも多いと思います。

そんなときも、**上司が言ったことを取り入れながらまとめると、承認される確率がグッとあがります。**

上司が自分の説明に割って入るのを嫌がるのではなく、上司の話も説明のルートとして取り入れればいい。そう考えれば、上司が途中でしゃべり出しても、慌てず受け止められるようになります。

2 部下への説明

いまのご時世、部下への説明に神経を尖らせている上司の方も多いのではないでしょうか？　最近は強く当たるとパワハラだと言われます。どう説明をすればいいか悩む方の話もよく聞きます。

「上司→部下」で気をつけてほしいのは、とにかく部下の安心を確保してあげる、ということです。先ほどの上司への説明パートとは逆ですね。

上司と部下という立場は意外と些細《ささい》なことでストレスを感じさせます。少し含みを持たせた説明をするだけでも相手は勘ぐる可能性がありますし、親しみを出そうとちょっとからかっただけでも、馬鹿にされたと落ち込む可能性がある。自分の説明に対して、部下がきちんと聞ける安全をつくりましょう。

部下には武勇伝より、失敗したときの話をしたほうが有効です。

つまり、**「武失伝」**がお勧めです。

そもそも上司は、部下から見ると序列的に上です。わざわざ自分が上であることを示す、昔の自慢は必要がありません。

一方、情報の特性として、**失敗談は普通、人があまり話したがらないことですから、レア情報です。**失敗した話というのはなかなか発信されないからです。

あまり出回ってない情報は、いまの時代において価値があります。

部下の立場からしても、昔から上司が完璧だったわけではないと知れて安心しますし、そんな話をしてくれたという信頼も湧きます。

いろいろな人の話を聞いても、**信頼される上司というのは、うまく自分の失敗談を話せる人が多いようです。**

部下が上司に親しみを持ち、よりチームが機能します。

結局のところ上司の仕事は部下をいかに動かすかが重要です。

「あの人のために頑張ろう」と思える上司は、少し隙があったほうがいい。

部下になにかを伝えるときは、失敗談を交えながら話すと説教感が減ります。

部下への説明は、
武勇伝より武失伝。

3 打ち合わせ

「打ち合わせが苦手」という人も非常に多いです。

わかります。打ち合わせは話の流れのなかで、次々と説明しなければなりません。けっこう難しいですよね。

僕は打ち合わせにも、メモを取りながら臨むことをお勧めします。ノートとペンを持ち込んでもいいですし、ＰＣの持ち込みが許されるなら、ＰＣのテキストファイルなどに打ち込んでいってもいいです。

ここでは、打ち合わせの内容をメモするのもいいですが、それより**自分が発言したいことを箇条書きしながら、説明に臨むのがお勧めです。**

そうすると、あなたは説明するカードをいくつか持ちながら説明に臨むことができます。意見を求められたときも、打ち合わせの流れに最適な説明を即座に返すことができるわけです。

参加者の発言をまとめる

また、説明をメモし始めると、打ち合わせは意外とみんなバラバラの話をしていることがわかります。

論点がコロコロとずれる打ち合わせなども珍しくありません。

メモして打ち合わせの内容を把握しているあなたが的確に発言することで、打ち合わせの進行をスムーズにすることもできます。

メモしながらの発言に慣れてきたら、ホワイトボードで全体の発言を可視化してあげるのも有効です。打ち合わせ全体の説明を可視化するイメージです。

みんながバラバラの話をしている状態は、道にたとえるなら、どんな道を歩いているかもわからなくなっているということですから、

「いまはこの道を歩いてますよね」

「いま、話が変わって、さっきと違う道を歩いてますよね」

「一回右に曲がって、元の議論に戻りますか？」


と、このようにあなたが出た意見を可視化してあげましょう。

みんなのなかで話をしていることの認識がまとまるので、ズレた議論が起こることも減ります。

積極的に発言しなくても、みんなが同じ道を歩けるようにするサポート役を担うことができるのです。

これをやっていると、**あなたのリードによって打ち合わせが早く終わったりして、感謝されることすら出てくるでしょう。**

打ち合わせ全体を可視化して最速ルートをつくることで、打ち合わせ全体も短く濃くすることができるのです。

相づちはとにかくポジティブに

ほかにも、打ち合わせで意識してほしいことがあります。

「あなたの意見を聞いてもらえる土壌をつくろう」ということです。

否定が多い打ち合わせは、それだけ辛い。

そこでお勧めなのが、なるだけ相手の説明を盛り上げる、ポジティブな相づちを打つことです。

たとえば、僕は打ち合わせのときに、

「それいい！」

「おもしろいですね！」

「いい気がする！」

「わかります！」

「なるほど！」

「ウンウン！」

「ありですね！」

「おぉー！」

「それだ！」


というように、とにかく盛り上がる相づちを使います。

そのほうが、打ち合わせがどんどん盛り上がります。それに、そんな相づちを打ってくれる相手の話を難しい顔で聞くことはできません。

ここでのポイントは、とにかく相手が気持ちよくしゃべれる相づちを打つということです。

打ち合わせしやすい雰囲気を自らつくることで、しゃべりやすい土壌ができていきます。

4 プレゼンテーション

続いては、プレゼンテーションについてです。

まずはプレゼンのナビゲーションとなる資料のつくり方が重要です。

説明の箇条書きのパートでも触れましたが、とにかくいきなりパワーポイントでつくり始めるのはやめましょう。

最初に必要と思われる内容を、紙なりメモなりに箇条書きで書き出していく。

そして、必要ないものは削り、書く内容を決めた時点でパワーポイントを開き資料にしていく。

これだけで、資料をつくる時間は相当短くなります。

そして、相手に必要な説明だけが残ります。

「印象的な言葉」を1つは配置しよう

プレゼンテーションは、相手の頭のなかにどれだけポイントを残せるかが勝負です。なので、**相手の頭に残るひと言を用意します。**

その一言をキッカケに内容を思い出せるような説明が理想です。

なぜならプレゼンテーションは、その場で聞いている相手だけではなく、その相手が自分の上司に説明するところまで想像して行わなければならないからです。

プレゼンの場にいない人に伝えることまで考えたプレゼンをしましょう。

そのためには、ここが大事というスライドには、第5章で紹介した無意識クラクションの技を使ったキーワードを入れ込みましょう。

たとえば**「ズラす」「重ねる」「韻を踏む」**などの技を使えば、大事なポイントを、「ここは大事です」とわざわざ言わなくても、相手の印象に残すことができます。

プレゼンテーションでは、これらの技を冒頭や中盤の大切な箇所、最後の締めなどで効果的に使うことによって、印象をアップさせることができます。

5 SNS

SNSで「いいね！」をなるべく多く獲得したい。

そんな思いを持っている人も多いようです。

僕もSNSの運用を始めて思うのですが、**「入りの一文」と「締めの一文」が重要だな**と考えています。

最初の一文がおもしろそうであれば、自然と続きが読みたくなります。

また、締めの一文が良ければ、そのあと「いいね！」をしたくなります。

なので、この2つの重要性が高いわけです。

ここでも先ほど紹介した、つかむ言葉が効きます。

「入りの一文」には、無意識クラクションの1つ「ズラす」が有効です。

SNSは、とくに情報量が膨大で、いろいろな人の投稿がどんどん流れていく場所です。

そのため、どこかで見たことがある文は、とくに無視されやすいです。

そこで、前の章で紹介したように「自由は、難しい。」というような違和感のある文章を最初に持ってくると、「なになに？」と続きを読みたくなります。

一方、**締めの一文には「重ねる」の法則が有効です。**

書いてきた文章の大事なところを強調しながら締める。

重ねられると、人は重要なポイントがわかりやすい。

わかったものには「いいね！」を押したくなるのです。

この入りと締めに的確に技を使っていくのが、「いいね！」獲得への近道だと考えています。

130万回見られ1万9000いいねがついた投稿の秘密

僕のいままでで一番反応があったSNSの投稿は、130万回見られ、約1万9000いいねがつき、ヤフーのトップにも載ったこの投稿です。

新人時代、よくアドバイスしてくれるコピーライターの先輩がいた。一緒に飲んだとき「なんでそんなに教えてくれるんですか?抜いちゃいますよ」と生意気なことを言った僕に、先輩は「バカだな。教える方はもっと上手くなるんだよ」と返した。教えることの大切さを教えてもらえた夜だった。

マンガやイラストなどの投稿は、ビジュアル的に目につくのでバズりやすいのですが、文字だけでバズる例は少ないので、注目を集めました。

同じ程度のバズでも、たとえば偉人の格言などを使ってバズった場合、フォロワーはほとんど増えないというパターンも多いです。

そんななか、この1投稿で1000人以上フォロワーが増えました。

なぜこんなにもこのツイートがバズったのか、自分で分析しました。

要因は次の数式だったと思っています。

「みんなが思っていることを言う」×「『新人のころ』という自分の体験談」

大きくバズが起きるものは、みんなが理解できるものです。なので、みんながうなづくようなものがいい。

今回の投稿であれば、「教える人が、じつは一番勉強になる」という話です。

この「教えることの大切さ」は、あなたも聞いたことがあるかもしれません。

本書の冒頭から説明してきている通り、いまの時代、既視感のある情報は無視されやすいですから、この情報だけでは、バズは起きなかったはずです。

ただ、ここに個人の体験のストーリーが加わることによって、情報はオリジナリティを手に入れます。

すなわち、

「みんなが知っていて『そうだ！』と言いたいけど、既視感はない」

というパターンが生まれます。

また、**「新人のころに聞いた先輩のセリフ」**という、自分自身が言った押しつけがましいセリフでなく、「先輩から習った」というフォーマットも良かったのだと思います。

この新人の型を使っての発信は、説教がましくなく言いたいことを受け取ってもらえて反応もいいので、お勧めの方法です。

6 自己紹介

自己紹介。急に振られることも多いこの儀式は嫌ですよね。

僕も昔は嫌でした。基本的には第2章でご紹介した通り、自己紹介の要素は、一度書き出しておくことをお勧めします。

自己紹介は自分が持っている要素をどう組み合わせて相手に伝えるかということだけなので、一度これをやっておけば、驚くほど自己紹介が楽になります。

まず、仕事、趣味、好きな食べ物など、自己紹介に使える要素を出せるだけ出しておく。

そして、仕事相手への自己紹介なら仕事のこと中心、仲良くなることが目的の場所での自己紹介だったならば趣味のことなどを中心に、その場の相手に合わせて説明できるようにすればいいだけです。

とにかく一度、自己紹介の要素を出すだけ出してしまえば、相手に合わせて好きなように自己紹介ができるようになるので、まずは要素を出してしまってください。

見た目とのギャップを利用する

自己紹介における評価は、見た目やしゃべり方などとの総合点です。

そのため、**「みんなが心のなかで、自分に対してこんなことを思っているだろうな」**という反応を予想しながら、ちょっとした自虐を入れると、反応がよくなります。

たとえば、体が大きくて強そうな人が自己紹介する場合、周りの人は「この人、大きいな」と思っていると予測できます。

その心理を予想しながら、

「こう見えて小心者で」

などというだけでクスッとされます。
普段からよく外見について言われることも使えます。
たとえば、「楽器やってそうだよね」と言われることが多いとしたら、

「楽器を弾けそうと言われますが、楽器はまったく弾けません」

などと言うと、笑いが起きやすいです。
みんなが第一印象で思いそうなことを予想して、そこから自虐を用意してあげることで、自己紹介がうまくいく確率はグンと上がります。

鉄板ネタを探せ

自己紹介はしゃべる内容をきちんと意識してやっている内に、「これはウケがいい」というものが自分でもわかるようになってきます。

たとえば、僕は1分で自己紹介をしてくださいと言われたときに使う、自分のなかの鉄板ネタがあります。

それが、この自己紹介です。


「コピーライターという仕事をしています。普段テレビCMの15秒や30秒の言葉を考えているので、1分間自己紹介をしろと言われても、話が30秒以上続きません」


こんな風に仕事の説明と自己紹介をかけてお話をすると、ちょっとクスッとしてもらえることが多いです。

これもいろんな自己紹介の要素をたくさん出して、試したなかで、1分で自己紹介してくださいと言われたときには有効だなと判断しました。

まずは自分が自己紹介で使える要素を箇条書きで出すことを試してみてください。

それだけで、嫌だと思っていた自己紹介がちょっと得意になるはずです。

7

目標設定

目標をきちんと立て、その目標に従い、やるべきことをやっていけばうまくいく確率は高くなる。

それはわかっていても、多くの人は、目標をうまく活用できてないみたいです。「正月に一度、目標を立てたきりで忘れてしまいました」。目標について聞くと、そんな人も多いです。

僕は目標を、自分への説明だと捉えています。

自分のことだから、目標は一度立てれば覚えていられると思うと、簡単に忘れます。なので、目標もきちんと他人に説明できるように、わかりやすく自分が覚えやすい形にしておくのがお勧めです。

目標を「自分への説明」と考えると、第5章で紹介した無意識クラクションの技術が役に立ちます。自分の目標もここが大事とわかりやすいものにすることで、つねに目標を意識できるようになるからです。

1．まず普通に目標を立ててみる

2．それを他人に説明するように、どうやったら自分の記憶に残るのかを考える

この2段階での設定が効果的です。

目標の言葉を工夫すれば忘れにくくなる

一度、ある企画で、新年の目標を立ててもらってそれを僕が説明の技を使って、表現するという試みをしたことがあります。

2段階目の「どうやって説明の技を使って覚えやすい目標に変えるか」という点で、参考にしてみてください。

まずは幼稚園の先生で、

「やりたいことをやりたいようにやりたい。嫌なことを我慢したくない。毎日、ワクワクしたい。先生なので、子どもたちがしあわせになれるような力をつけたい」

という目標の方がいました。この目標は、

「先生がワクワクすると、子どももワクワクする」

というようにしました。

これは無意識クラクション1の技術「重ねる」を使っています。

ワクワクという単語を重ねることで、自分がワクワクすることで、子どもたちまでワクワクしてよい影響を与えるイメージをつけたのです。

また、「いろいろなことを整理したい」という目標を、次のように立てている方がいました。

「今年の目標は、整理。仕事場、書斎の無駄なものの処分。使わなくなったものの処分・使わない口座、読まないメルマガ、無駄に時間を費やすアプリの削除、いろいろ整理したあとに、やりたいことをやるスペース、時間や気持ちの余裕ができるはず」

この目標を、僕はこういう風に表現しました。

「人生を、整理整頓する」

これは、無意識クラクションの技術5「ズラす」を使っています。

「人生」という大きなワードと、そこから離れた「整理整頓」という日常的なワードを使うことで、さまざまな整理整頓をするという目標を包括しました。

このように、**自分が一度考えた目標を、言葉の技術を使って、自分の心をつかむようにしておくと、より普段から目標を意識できるようになります。**

普通に目標を立ててみたあとに、説明の技術を使って、どうやったら自分にわかりやすく説明できるだろうかと考え、工夫してみる。

その一手間を加えるだけで、目標は忘れにくくなるのです。

人に伝わる技は、
自分に伝わる技でもある。

終章のまとめ

・上司への報告は先にメールを送ってから話をしに行く
・上司の発言は一旦聞いて、話に取り入れる
・部下を指導するときは自分の失敗談を入れて相手に安心感を抱かせる
・打ち合わせのときは自分の発言したいことをメモしながら進める
・慣れてきたらホワイトボードを使って打ち合わせ内容をまとめてみる
・ポジティブな相づちを打つことで打ち合わせの雰囲気を良くする
・プレゼンテーションでは相手の頭に残るひと言を準備する
・SNSの投稿は最初の一文でつかみ、最後の一文で伝えたいことを繰り返す
・「みんなが思っていることを言う」×「『新人のころ』という自分の体験談」という内容で、共感できるけど既視感のない内容になる
・自己紹介では自分の見た目とのギャップをネタにする
・目標にも説明の技術を使えば、忘れにくくなる

おわりに

僕は、昔からずっと説明が苦手でした。そして説明が苦手なせいで、日常で苦痛に感じることがたくさんありました。


説明は僕たちに付きまといます。

上司や部下への職場での説明。プレゼンや打ち合わせといった大勢の場での説明。SNSなどウェブでも説明力が求められます。

そして、たった1つの説明が評価を決めるときがあります。

たった1つの説明でチャンスを逃すときもあります。

だからこそ説明は多くの人を憂鬱にさせます。


僕は、たまたまコピーライターという職業につき、言葉を扱う間に「速い説明の技術」という解決策にたどり着くことができました。

でも、あのまま説明が苦手だったらと思うとゾッとします。

だから、昔の僕のように「説明がイヤで仕方がない」という人がいたら、もっともっと説明を楽しんでほしい。

「説明をイヤイヤするものから、ワクワクするものへ」

これが、この本を書くにあたり僕が決めた目標です。

説明が苦手だった人が、この本を読んで、毎日訪れる説明の機会を「ちょっとがんばってみようかな」とか、「あの技を使って立ち向かおうかな」とか、そう思ってもらえたら、これほど嬉しいことはありません。

実際に、ここまで、この本を読んでくださったあなたは、説明のルールが変わりつつあるいまの時代に、最適な説明の技術を手に入れています。

最速ルートで相手に理解してもらえる説明の力は、必ずあなたを助けてくれます。

できれば、あなただけでなく、しゃべりが途中で止まってしまう人や、話が長くいつまで経っても結論にたどり着かない人がいたら、ぜひ説明の技術を教えてあげてください。


短く説明できる人が増えれば、打ち合わせは短くなる。

仕事の時間も短くなる。

働き方だって変わる。

短い説明には、そんな大きな力がある。僕はそう信じています。


また、いろいろな言葉の技術もご紹介してきました。

「ここで『無意識クラクション』を使ってみようかな」

「ここで『脳内ナビ・ワード』を使うと話に引き込めるんじゃないか」

そんな風に、今回お伝えした説明の技術を、ワクワクしながら使ってもらえたら嬉しいです。

ここでちょっと、想像してみてください。

上司に、臆せず説明しているあなたを。

プレゼンで、堂々と話しているあなたを。

SNSで、多くの人の心を動かしているあなたを。

すでに、この本をここまで読み、説明の技術を手に入れた、あなたの毎日はこれから確実に変わっていきます。

小さいころから説明が苦手な少年だった僕は、大人になって説明の技術と出会い、ワクワクする毎日と出会うことができました。次はあなたの番です。

この本でご紹介した説明の技術が、あなたの人生が輝く技術になりますように。

中村 圭

説明の楽しい
人生は楽しい。

中村 圭（なかむら・けい）

博報堂所属のコピーライター。世界最高の広告賞であるカンヌ国際クリエイティビティフェスティバルの金賞や、国内最高の賞であるACCのゴールドを受賞。世界各国の30歳以下のプロで争われるヤングスパイクスの日本代表にも選出されシルバーを獲得するなど、国内外で80以上の賞を獲得している。

また、広告制作の傍ら、講演、セミナー、学校での授業などを通じて、コピーライティングの技術を、誰でも使いやすい「伝える技術」にして教えている。

Twitter : @keiokei

装丁　福田和雄（FUKUSA DESIGN）
本文デザイン・DTP　土谷英一朗（Studio Bozz）
校正　鷗来堂

説明は速さで決まる
一瞬で理解される「伝え方」の技術

2019年6月1日　第1刷発行

著者　中村圭
発行人　櫻井秀勲
発行所　きずな出版
東京都新宿区白銀町1-13　〒162-0816
電話03-3260-0391　振替00160-2-633551
http://www.kizuna-pub.jp
印刷・製本　モリモト印刷

ISBN978-4-86663-075-5